Versuch
einer
Geschichte des Clavierbaues.
Mit
besonderem Hinblicke auf die Londoner
Große Industrie-Ausstellung
im Jahre 1851,
nebst statistischen darauf bezüglichen Andeutungen &c.

Von
Joseph Fischhof.

Wien, 1853.
Druck und Verlag von J. B. Wallishausser.

Joseph Fischhof.

Versuch einer Geschichte des Clavierbaues. Mit besonderem Hinblicke auf die Londoner
Große Industrie-Ausstellung
im Jahre 1851,
nebst statistischen darauf bezüglichen Andeutungen, &c.

This was published by Verlag J.B. Wallishausser in 1853.

Republished Travis & Emery 2009.

Reprinted 2009 by Travis & Emery Music Bookshop

17 Cecil Court, London, WC2N 4EZ, England.
Tel. (+44) 20 7240 2129.
ISBN Hardback: 978-1-906857-95-0   Paperback: 978-1-906857-96-7

Versuch
einer
Geschichte des Clavierbaues.

Mit

besonderem Hinblicke auf die Londoner

Große Industrie-Ausstellung

im Jahre 1851,

nebst statistischen darauf bezüglichen Andeutungen &c.

Von

Joseph Fischhof.

Wien, 1853.
Druck und Verlag von J. B. Wallishausser.

Versuch
einer
Geschichte des Clavierbaues.

Mit

besonderem Hinblicke auf die Londoner

Große Industrie-Ausstellung

im Jahre 1851,

nebst statistischen darauf bezüglichen Andeutungen ꝛc.

von

Joseph Fischhof,

Professor des Clavierspieles am Wiener Conservatorium, Ehrenmitglied der Sta. Cäcilia in Rom, correspondirendes Ehrenmitglied der niederl. Gesellschaft zur Beförderung der Tonkunst, des Kirchenmusikvereines zu Preßburg, so wie der philharmonischen Gesellschaften zu Krakau, Pesth, Lemberg, Graz und Carlsbad, des Mozarteums zu Salzburg und des archäologischen Museum's (Francisco-Carolinum) in Linz ꝛc.

Wien.
Druck und Verlag von J. B. Wallishausser.
1853.

Das ehrende Vertrauen, dem ich meine Sendung von Seite des Handelsministeriums zur Weltindustrie-Ausstellung in London 1851 verdanke, legte mir die Verpflichtung auf, nicht allein die Ergebnisse der daselbst gemachten musikalischen Erfahrungen mitzutheilen, sondern auch Ansichten und Wünsche beizufügen, die sich seit längerer Zeit im Verlaufe eines vielseitigen Wirkens in meinem Innern entwickelt, und durch die Sehnsucht, mein theueres Vaterland in jeglicher Hinsicht zur Concurrenz mit allen übrigen Staaten befähigt zu wissen, zum Ausspruche gereift haben. Erfüllt von dieser Gesinnung, hielt ich mich gleich fern von dem unzeitigen Dünkel unserer Unübertrefflichkeit, so wie von dem unbedingten Kniebeugen vor allem fremden namentlich englischem Producte.

Mögen diese Umstände die Länge meiner Arbeit erklären und das Fragmentarische im Style entschuldigen.

Der leichteren Uebersicht wegen theilte ich vorliegende Schrift in folgende Abschnitte:

A. Geschichtlicher Ueberblick des Clavierbaues, von seiner Erfindung bis auf den heutigen Tag.

B. Londoner Ausstellung im Clavierfache und Beschreibung einiger interessanter Vorkommnisse dabei.

C. Als Resumé: Beantwortung mehrerer praktischen Fragen, das Wechselverhältniß der Fabrikation verschiedener Länder ꝛc. ꝛc. betreffend.

In allen drei Abtheilungen sind statistische Nachweise eingeschaltet, eben so Kunstansichten, wie sie gerade bei einem für die Kunst bestimmten Instrumente mir zweckmäßig erschienen.

Wien, im October 1851.

A. Geschichtlicher Ueberblick des Clavierbaues.

Die Musik, als die jüngste der Künste, hat diese Eigenthümlichkeit, daß die Ausübung derselben großentheils abhängig ist von sorgsamer mechanischer Vorbereitung, so wie von Tonwerkzeugen, zu deren Fertigung bedeutende Vorkenntnisse in der Physik, Akustik, Mechanik und Mathematik, so wie eine tüchtige durch langjährige praktische Erfahrung erlangte Geschicklichkeit erforderlich sind. Diesem Umstande mag man es zuschreiben, daß, während die Schwesterkünste, wie die Poesie, Malerei und Bildhauerkunst, schon in frühester Zeit ihren Höhepunkt zu erreichen im Stande waren, die Musik so wie ihre Organe noch im steten Fortschreiten begriffen sind.

Eine geschichtliche Auseinandersetzung dieses fortschreitenden Verbesserns der Instrumente [1]), insbesondere des Claviers, führt gewissermaßen von selbst auf die Geschichte des Clavierspieles, die wiederum von einer gewissen Periode an zugleich die der Musik ist, indem die größten Componisten ebenfalls auch große Virtuosen auf dem Claviere waren, wie z. B. Seb. Bach, Haendel, Phil. Em. Bach, Mozart, Clementi, Dussek, Cramer, Beethoven, Weber, Mendelssohn u. A. m.

Seb. Bach und Beethoven eilten wohl in ihrem genialen Fluge ihrer Zeit, daher auch dem damaligen Stande der Instrumente in manchen ihrer Compositionen voraus; wahrscheinlich schwebte einem Sebastian die Bindungsfähigkeit

---

[1]) Möge in diesem meinen Versuche zugleich die Aufforderung an alle Musikhistoriker liegen, ein Gleiches für Länder vorzunehmen, deren Quellen mir nicht zugänglich sind, um mit der Zeit eine erschöpfende Geschichte des Baues der Instrumente ans Tageslicht zu fördern.

der Orgel, so wie Beethoven[1]) die gewaltige Macht des Orchesters vor. Die neueren Instrumente aber trachten eben in dieser Richtung sich zu vervollkommnen, um den innigen Zusammenhang der Kunst mit ihren Organen zur Wahrheit zu machen.

Hier haben wir es natürlich nur mit der Entwicklung des Clavieres zu thun.

Ehe unser Pianoforte zur jetzigen Gestaltung gelangte, hatte es zwei interessante Hauptphasen durchzumachen; es mußte als Clavier (in ursprünglich enger Bedeutung) entstehen, um zu seiner höheren Entwicklung als Flügel zu gelangen. Allmälige Verbesserungen, deren Zahl Legion ist, führten zur jetzigen Gestalt, und wir haben nun ein Instrument errungen, welches die höchste Begeisterung bei dem Publikum zu vermitteln im Stande ist, und zwar — unabhängig von den verschiedenen Prinzipien seines Baues — sowohl in Wien als in Paris und London — sowohl beim Vortrage der klassischen als romantischen Richtung — in Concertsälen des größten Umfanges[2]), wie im Boudoir der intimeren musikalischen Conversation — mit Bewunderung belauscht von den Höchsten bis zum Geringsten eines Reiches. Auf keinem Instrumente ist aber auch so viel gegen wahre Kunst gesündiget worden, und kein anderes hat wiederum so geniale Meisterwerke aufzuweisen. In einzelnen Punkten andern Instrumenten untergeordnet, hat es dagegen in seiner Gesammtwirkung den Vorzug vor allen Uebrigen. So ist es z. B. nicht mit der Orgel zu vergleichen in Hinsicht auf die Macht, Würde und verschiedene Farbenmischung ihres Klanges, doch ist dieses kolossale Instrument seiner Größe wegen an einen bestimmten Platz gebunden, und verlangt eine nicht geringe Kenntniß, um tüchtig gehandhabt zu werden — das Pianoforte hingegen ist tragbar, entspricht allen Anforderungen musikalischen Treibens, ist daher ein Haus-, Lehr-, Begleitungs-, Directions- und Concertinstrument geworden, und hat vielleicht die

---

[1]) Man könnte beinahe behaupten, daß ihm in seinen ersteren Claviersachen, namentlich den Sonaten, das Quartett, in den späteren das Orchester vorschwebte.

[2]) Liszt entzückte durch sein Spiel das Publikum in Petersburg im Saale der Noblesse, der gegen 4000 Menschen faßt.

am wenigsten die Gesundheit gefährdenden Studien nöthig, um
zu einem gewissen erträglichen Resultate zu gelangen. Es ist daher nebst der Harfe dem schönen Geschlechte vollkommen zugänglich und verdankt selbem vielleicht vorzugsweise den Ausdruck
seiner feinen, zarten Empfindungen, was nicht ohne merklichen
Einfluß auf die Vortragsweise gewesen, und mit voller Anerkennung anzuführen ist. Wir beginnen daher zuerst mit dem

I. Clavier (Clavecin oder Clavichord).

Derjenige, der zuerst unter eine gespannte Saite eine Holztaste mit einem Kupferdrähtchen anbrachte, hatte keine Ahnung
von der Wichtigkeit, die dieser im Beginn so einfache Vorgang
in späteren Jahrhunderten erlangen würde. Er wollte durch diese
Erfindung wahrscheinlich blos den Monochord [1]) verbessern,
welcher auch Einsaiter, zuweilen auch der Klangmesser
genannt wurde.

In alten Zeiten diente er dazu, auf ihm die Verhältnisse
der Intervalle auszumessen, und durch Zeichen zu bemerken.
Diese konnte man sodann einzeln, vermittelst eines beweglichen
Steges, welcher unter die Drahtsaite geschoben wurde, angeben. Der Corpus dieses Instrumentes bestand aus einem gerade gehobelten Stück Bohle, zwei bis vier Fuß lang. Im Mittelalter verwendete man den Monochord dazu, die Intonation
bei Gesangchören anzugeben, bei welcher Gelegenheit die Unbequemlichkeit des steten Schiebens des Steges mit der Hand
so recht fühlbar wurde, und man daher an Mittel dachte, die-

---

[1]) Nach Prinz in seiner historia musices, cap. X. p. 14 (1690 Dresden)
und Ath. Kircher wäre Guido Aretinus der Erfinder der Clavichordien gewesen. — Praetorius im Syntagma Musices II. (1619 Wolfenbüttel) sagt, daß das Clavichord aus dem Monochord nach Guidoni's Scala, welche nur 20 Claves hatte, erfunden und eingetheilt
wurde. Kiesewetter sagt: Hätte Guido ein Clavierinstrument
gehabt, selbes würde nicht nur den Ton angegeben, sondern auch den
vollständigsten Begriff der (diatonischen) Tonleiter in ihrer Wirkung
auf das Gehör verschafft haben. Er stellt daher die Erfindung viel später auf.

fen Uebelstand durch einen Mechanimus zu heben. Derselbe
bestand aus einem Holzleistchen, an dem ein Metallstift ange=
bracht war, der die Dienste des Steges versehen sollte. Indem
man diese Art Taste herabdrückte, erhob sich der Stift, theilte
die Saite an einem bestimmten Punkte, was früher der Steg
bewirkte, und ließ sie zugleich erklingen, was die Hand vorher
thun mußte ¹).

Nachdem dieses einmal gefunden war, so benützte man es
noch weiter; nach und nach wurden die Tasten vermehrt, ebenso
die Saiten, man umgab diese Vorrichtung mit einem Kasten
und siehe da! das Clavichord war erfunden — natürlich
zuerst klein und unvollkommen, mit unbedeutendem Tone, aber
doch schon ein Saiteninstrument mit Tasten. Im Anfange hieß
dieses Instrument noch immer Monochord, ein sicherer Be=
weis, daß es von diesem stammt, später wurde dieser nicht mehr
passende Name durch Clavichord ²) ersetzt. Im Anfange be=
stand es nur aus 20 Claven, 18 davon bildeten die diatonische
Scalenreihe von C, und zwei waren b und b̄ — das kleine und
eingestrichene b oder

Später kamen höhere und tiefere Töne noch hinzu ³).

Schon zu Anfang des 16. Jahrhunderts verwandte Ro=
land von Laß (geboren 1520 zu Mons im Hennegau, gestor=
ben 1594 als Kapellmeister des Herzogs Albert von Baiern in

---

¹) In neuester Zeit fand ich bei Ausstellungen und in Fabriken gediege=
ner Instrumentenmacher eine Art Monochord vor, jedoch aus ganz
anderer Veranlassung. Derselbe dient dazu, irgend eine Verbesserung
oder Erfindung der Mechanik recht anschaulich zu machen, ohne ge=
nöthiget zu sein, die Mechanik aus dem fertigen Instrumente heraus
zu nehmen.

²) Nach Mersenne's Harmonie universelle III. p. 113 (1636 Pa=
ris) wurde in Frankreich dieses Instrument Manichord genannt.

³) Vide Kurzgefaßtes musik. Lexikon. Chemnitz 1737 bei Stössel, und
C. F. Becker's Hausmusik ꝛc. p. 20.

München) das Clavier, um im Vereine mit andern sanften Instrumenten viele seiner Compositionen zu begleiten [1]).

Die Theile des Instrumentes bestehen aus einem viereckigen langen Kasten von hartem Holze. In diesem sind rechts der Wirbelstock, links der Stiftstock, beide von hartem Holze, wohl eingeleimt und befestigt und durch einen der Länge nach liegenden Balken von gleicher Holzart verbunden, damit die Gewalt der gespannten Saiten Beide nicht gegen einander ziehen kann. Ueber den Wirbelstock hinweg, liegt, bis zum höchsten Ton, der Resonanzboden, der aus dünnem und fein gearbeiteten weichen Fichtenholze verfertigt ist. Auf diesem sind hinten die eisernen Wirbel angebracht, welche in dem Wirbelstock fest gehalten werden. Neben denselben läuft der Steg, auf welchem die vorne im Stiftstocke an kleine eiserne Stifte angeschlungenen Saiten von Messingdraht liegen. Die Claves reichen bis an die Hinterwand und gehen mit einem Stückchen Fischbein in Einschnitten, damit sie nicht rechts und links wanken, sondern immer auf einem Punkte liegen. Hinter der Claviatur steht das Vorsetzbret, neben welchem die Claven in Stiften sich bewegen, die in dem Wagebalken befindlich sind. Jeder Clavis hat hinten einen in die Höhe stehenden Tangenten, bestehend aus einem Stückchen Messing, welcher beim Niederdrücken der Taste aufwärts sich bewegt und an die Saiten schlägt.

Der Mechanismus gleicht daher gewissermaßen dem einiger Saiteninstrumente, wie der Guitarre und der alten Laute, deren Saite pizzicato angeschlagen wird. Die Messingstifte — oder wie später beim Clavier erklärt wird — die Federkiele wirken so auf die Besaitung, wie die Fingerspitze oder das Plectrum bei der Mandoline, Mandora ꝛc.

Bei den ersten Clavieren schlugen die chromatischen Claven an die zunächst ober ihnen liegenden Saiten, cis also an die c —, dis an die d Saiten ꝛc. Man fühlte aber bald, daß diese Ein-

---

[1]) Vide Dr. Wilh. Christian Müller's, Lehrer an der Hauptschule zu Bremen: Aesthetisch-historische Einleitungen in die Wissenschaft der Tonkunst. Leipzig. Breitkopf und Haertel, 1830, p. 190. Forkel in seiner Geschichte der Musik II. p. 373, spricht ausführlich über den Monochord und dessen Uebergang zum Clavichord.

richtung bei Passagen von chromatischer Tonfolge störend war und die schnelle Ausführung hinderte. Man gab daher jeder Taste ihre besondern Saiten, so daß die Hervorbringung der chromatischen Töne nicht mehr an die diatonischen gebunden war, und nannte solche Claviere bundfreie.

Daniel Faber, Organist zu Craylsheim im Anspachischen um 1725, war der erste Erbauer eines solchen bundfreien Claviers. Man gab zur Verstärkung des Tones jeder Taste zwei Saiten, welche ganz im Einklang gestimmt wurden. An seiner Erfindung brachte er ferner noch folgende Mutationen an: 1. Lautenzug, 2. gedämpftes, 3. ungedämpftes Glockenspiel.

Unter allen Claviermachern früherer Zeit zeichnete sich aber besonders der berühmte Orgelbauer Gottfried Silbermann aus (geb. zu Frauenstein in Meißen 1684, gestorben daselbst 1756). Gerber in seinem alten Lexikon, Artikel Silbermann, sagt, daß Bach in Hamburg ein Clavier von diesem Meister besessen, welches er 50 Jahre lang benutzt, und das mit dem feinsten lieblichsten Ton auch noch den Vorzug verbunden habe, unverändert in der Stimmung geblieben und nie klappernd geworden zu sein, obgleich Miriaden Noten auf demselben gespielt worden waren. Silbermann baute seine Claviere nicht höher als von Gr. C — c oder

Von dieser Zeit an wurden oben und unten noch Töne beigefügt, so daß man Clavichorde vom Contra F (ja auch vom Contra C) bis g, a hatte. Wie sehr man für dieses zarte Instrument eingenommen war, bezeugt Koch in seinem musikalischen Lexikon I. 341, welcher es nennt: Labsal dem Dulder und des Frohsinns theilnehmenden Freund — weil es eben die feinsten, gefühlvollsten Nuancen des Vortrages wiedergeben konnte.

Carl Lemme¹) in Braunschweig baute 1771 oval runde

---

¹) Organist zu Braunschweig um 1780, erfand diese Vorrichtung, um seine Instrumente, die nach Indien versandt wurden, vor dem Verderben durch das tropische Klima zu schützen.

Claviere mit gepreßtem doppelten Resonanzboden [1]). Wilhelmi's in Cassel gefertigte Claviere zeichneten sich durch besonders schönen Ton aus. Vensky, Horn und Mack in Dresden waren als gute Claviermacher bekannt. In neuerer Zeit waren besonders Krämer's Claviere in Göttingen berühmt.

Viele unserer älteren Meister in der Tonkunst zogen das Clavier dem Pianoforte lange weit vor, so Türk, selbst Beethoven, der nicht mit Unrecht behauptete, nur auf dem Clavichorde habe man, unter den Tasteninstrumenten, den Ton ziemlich ganz in seiner Gewalt.

II. Flügel.

Das Bedürfniß nach einem stärkeren Ton führte darauf, ein rauschenderes Tasteninstrument zu erfinden, dessen kräftiger Klang auch beim Dirigiren im Concerte gehörig durchdringen könne. Dasselbe bestand in dem Flügel, mit Stahlsaiten bezogen. Den Namen hat das Instrument von seiner Gestalt, indem es an der vorderen Seite breit ist und hinten spitz wie ein Flügel zuläuft. Diese Form war nöthig, um den tiefen Saiten die gehörige Länge zu geben, damit ihr Ton Stärke und Kraft erhielt. Der Flügel scheint seine Entstehung in der Mitte des 16. Jahrhunderts gehabt zu haben, und von dem uralten Cymbal oder Hackebret entnommen zu sein; jedoch ist dessen Erfinder unbekannt geblieben. Nur so viel weiß man, daß Giuseppe Zarlino, Capellmeister in Venedig, ums Jahr 1548 eine Verbesserung in Hinsicht der Temperatur damit vorgenommen hat. (Siehe Gerber's altes Lexikon, Art.: Zarlino.)

Der Anschlag des Instrumentes geschah aber nicht durch Stifte, wie bei dem Clavier, sondern die Saiten wurden durch Stückchen Rabenkiele angerissen, die in den Docken [2]) ange-

---

[1]) Dessen Enkel, Claviermacher in Paris, starb 1834 im Wahnsinne, nachdem er Rohleder's unpraktisches System auf Claviere anwandte. Vide später Allison.

[2]) Springer oder Docken waren diejenige Reihe Hölzer, welche hinten auf den Claves ruhten, durch den Resonanzboden bis zu den Saiten reichten, und in welchen die sogenannten Zungen eingesetzt waren, welche mit Rabenfedern die Saiten berührten.

bracht waren. Die Saiten mußten sehr dünn sein, um von einem so schwachen Anschlagsmittel in Schwingung gebracht werden zu können. Vorne über der Claviatur war der **Stimmstock**, in welchem die Wirbel stecken. **Pichelbeck** brachte 1724 auf dem Flügel Flöte, Trompeten und Pauken an, womit er viel Aufsehen machte [1]. **Wiegleb**, ein Orgel- und Instrumentenmacher, erfand im Jahre 1740 statt der Kiele, die einer steten Ausbesserung bedurften, an den Docken kleine Messingfedern, welche die Saiten in Klang brachten. Die Gebrüder **Wagner** zu Schmiedefeld im Henneberg'schen, fügten ihren Flügeln im Jahre 1764 noch ein Flötenregister und einen Pianozug bei. **Milchmaier** in Mainz brachte in den Jahren 1770 — 1780 an einem Flügel mit 3 Claviaturen 250 Veränderungen an, unter welchen „Crescendo und Decrescendo" Zug war. Das Instrument war nicht viel größer, als ein gewöhnlicher Flügel [2]. Wenn zwei Personen zugleich an diesem Instrumente spielen wollten, so schob man das untere Clavier heraus. **Friederici** in Gera brachte im Jahre 1770 eine Bebung an seinen Flügeln an. **Mercia**, Mechanikus in London, arbeitete 1783 einen Flügel mit Trompeten und Pauken. **Taskin** in Paris machte an seinen Flügeln Tangenten von Ochsenhaut gegen 1768, die er: Clavecin à peau de buffle nannte. Im Jahre 1788 erfand **Hopkinson** zu Paris eine andere Bekielung des Flügels, indem er sich statt der Kiele ebenfalls der Ochsenhaut, und statt der Borsten zarter Federn von Messingdraht bediente. **Oesterlein** in Berlin fertigte ebenfalls ums Jahr 1792 noch Flügel mit ledernen Tangenten. Die Anwendung des Leders mag in der Folge bei Erfindung der Hammermechanik auf die Belederung der Hämmer geführt haben.

Während meines jetzigen Aufenthaltes in London sah ich in Herrn **Broadwoods** kleinerer Fabrik (33, great Pultney

---

[1] Dr. Burney sah in Bologna 1770 bei dem berühmten Farinelli viele Clavierinstrumente, unter selben zwei in Spanien verfertigte Flügel, von welchen Eines eine Mutation zum Transponiren hatte, und dessen Ton sehr gelobt wurde.

[2] Vide Cramer's Magazin der Musik, Hamburg, Westphal 1783 - 1789, 1. Jahrgang. S. 1024.

street, Golden Square) einen von seinem Vorgänger verfertigten Flügel, Harpsichord genannt, mit zwei Clavieren, wobei durch eine Koppelung die höhere Octave mit erklingen konnte, der Deckel des Instrumentes öffnete sich in fächerartigen Abtheilungen mittelst einer Mutation, um dem Tone Stärke zu verleihen. Die Spielart war leicht, der Ton wirklich interessant, wenn auch klein, mehrere Mutationen theils zum Ziehen theils zum Treten waren dabei angebracht ¹).

Die kleinste Art Flügel war das sogenannte Spinett (ital. Spinetta, Spinetto, franz. Epinette von épine, den spitzigen Rabenkielen, welche die Saiten rühren — ein größeres Spinett war das unter dem Namen Virginal in England bekannte Clavicymbel, für welches das erste im Jahre 1653 gedruckte Musikstück von Orlando Gibbons unter dem Namen: the queens command in Busby's Geschichte der Musik II. p. 217 von Neuem abgedruckt ist. (In diesem Werke ist auch das von W. Bird zu seiner Zeit berühmte: the carmans whistle mit Variationen II. p. 31 zu finden). Es ist ein veraltetes Instrument von höchstens 3 Octaven, war nur einchörig, und wurde, wie schon gesagt, durch Kiele zum Klang gebracht. Gewöhnlich stand es um eine Quinte oder Octave höher als der Flügel.

III. Fortepiano.

Der Flügel hat lange Zeit als das Beste der Clavierinstrumente gegolten, und erst in der zweiten Hälfte des vorigen Jahrhundertes seine Bedeutung eingebüßt. Lange kämpften der Flügel und sein Verdränger, das Fortepiano, mit einander. Einige Instrumentenmacher suchten beide Prinzipe mit einander zu vereinigen, und zwar durch eine Mutation. Der Flügel trachtete auch sich zu verbessern durch Einführung von Registern c., doch selbst in diesem Zustande war er dem noch unvollkommenen For-

---

¹) Ein leiser Wunsch, ein solches Instrument einmal zu besichtigen, veranlaßte den feingebildeten tüchtigen Fabriksherrn, es schnell wieder in den Stand zu setzen. Dieses war auch mit einem Fortepiano älterer Construktion der Fall, um einen praktischen Blick in die Vergangenheit und einen prophetischen in die Zukunft zu vermitteln.

tepiano nicht mehr gewachsen. Dennoch war die öffentliche Meinung beharrlich bis gegen 1763 noch für den Flügel eingenommen; man bespöttelte die neue Erfindung, behauptete, sie werde nie im Orchester die Stellung einnehmen, wie der Flügel, und ihr Gebrauch werde nie ein allgemeiner werden. Alles dieses hat die kommende Zeit glänzend widerlegt.

Als Erfinder des Fortepiano's nennen wir mit vollster Ueberzeugung Christoph Gottlieb Schröter, 1699 zu Hohenstein im Schönburgischen geboren, gest. 1784, Organist in Nordhausen, zugleich ein gelehrter Theoretiker. Er bemerkte bei dem Musikunterricht, den er auf dem Clavichorde und Flügel ertheilte, daß seine Schüler an seinem Vortrage nicht gewannen, indem auf dem damals üblichen Flügel Modificationen des Tones nicht recht möglich waren. Dieser Umstand brachte ihn auf den glücklichen Gedanken, ein Clavierinstrument zu erfinden, auf welchem man die Stärke und Schwäche des Tones ganz in seiner Gewalt haben könne. Zur Erreichung dieses Zweckes schienen ihm **Hämmer, welche an die Saiten schlagen**[1]), das Beste zu sein. Er ließ daher ein doppeltes Modell nach seiner Idee verfertigen, welches er im Jahre 1717 dem Dresdner Hofe vorlegte. Das **Eine** stellte einen Hammer vor, der sich in einer Art von Schraube bewegt, und durch eine perpendikuläre kleine Stange vermittelst der Taste an die Saite stößt. Das **Andere** bezweckte den Hammer **über** die Saiten zu stellen, wurde aber von **Schröter** selbst für unausführbar gehalten und aufgegeben, da ihm die Metallfedern, die den Hammer nach dem Anschlage wieder zurückbringen sollten, keine Dauer versprachen. Im Jahre 1783 nahm **Hillebrand** dieses Prinzip wieder auf ohne besonderen Erfolg [2]), später **Streicher in Wien, Wornum** und **Stodart in London** und **Pape in Paris.**

---

[1]) Man nannte daher in alten Zeiten anstatt Clavier spielen — Clavier schlagen. Die neuere hat dieses Wort, freilich im satyrischen Sinne, wieder hervorgesucht.

[2]) Man nannte ein solches Pianoforte allgemein Pantalon, welches jedoch nicht das Instrument war, welches Pantaleon Hebenstreit erfunden, und ein Cymbal mit 2 Resonanzböden und Draht- so wie Darmbesaitung war.

Da Schröter jedoch zu unvermögend war, um das von ihm erfundene Instrument auf seine Kosten bauen lassen zu können, übernahm es gegen das Jahr 1726 Gottfried Silbermann (königl. polnischer und churfürstl. sächsischer Hof= und Land=Orgelbauer zu Freiberg — schon oben beim Claviere genannt) ein solches zu verfertigen, und gab ihm den Namen Fortepiano. Er theilte demnach die Ehre der Erfindung mit Schröter. Seine Instrumente wurden nach und nach so berühmt, daß im Jahre 1747 Friedrich der Große schon 7 davon in seinem Besitze hatte; jedes wurde mit 700 preußischen Thalern bezahlt [1]).

Fast gleichzeitig erfand und verfertigte Bartholomäus Cristofali (nach Fétis: Cristofori), geboren zu Padua im Jahre 1720, zu Florenz, woselbst er Instrumentenmacher war, ein Cembalo a martelletti [2]), wovon er schon früher in einem im Jahre 1711 erschienenen: Giornale de' Letterati d'Italia V (Venezia, Appresso Giov. Gabriello Ertz) die Beschreibung und Zeichnung abdrucken ließ unter dem Titel: Nuova invenzione d'un Gravecembalo col piano, e forte etc.

Der gelehrte Fétis nennt den Instrumentenmacher Marius in Paris, der im Jahre 1716 der Akademie der Wissenschaften drei Modelle der clavecins à maillets vorgezeigt hat, in welchen die Saiten durch Hämmer in Klang gebracht wurden. Die Zeichnung und Erklärung davon ist zu finden im Récueil des Machines et Inventions approuvées par l'académie des Sciences III., 83, 85, 87 et 89. Nr. 172—175 [3]). Diese Zeichnung unterscheidet sich gänzlich von den früheren des Schröter und Cristofali, die jedenfalls sinnreicher angelegt sind. Doch ist weder Marius noch Cristofali von den Verfertigern als Modell genommen worden.

Schröter nimmt den ersten Gedanken des ins Leben ge-

---

[1]) Zelter in seinem Briefwechsel mit Göthe (I. p. 144) lobt noch 1804 ein in Weimar befindliches Instrument dieses Meisters, welches, da er 1756 starb, schon 50 Jahre alt gewesen sein muß.

[2]) Dr. Burney sah 1770 in Bologna bei dem berühmten Farinelli ein Pianoforte, welches 1730 zu Florenz verfertigt war.

[3]) Das Piano brisé desselben Instrumentenmachers ist I. p. 193 in selbem Werke beschrieben.

rufenen Pianoforte's für sich mit vielen Beweisen in Anspruch, und zwar in ausführlichen mit Zeichnungen versehenen Berichten, die im 141. kritischen Briefe über die Tonkunst (herausgegeben von Marpurg) und in einem Sendschreiben an Mitzler (siehe des Letzteren musik. Bibliothek III. Bd. 3. Th. p. 474) abgedruckt sind. Jak. Adlung in seiner Anleitung zu der musikalischen Gelahrtheit (1758 Erfurt) bestätiget Schröter's Angaben p. 561 [1]).

Es zeigt sich bei dieser Gelegenheit in längst verflossener Zeit, was vor unseren Augen sich wiederholt. Daguerre's Erfindung, so wie Leverrier's Kometenentdeckung wird beinahe gleichzeitig von dem benachbarten England als eigene Erfindung bestritten, und doch kann übertriebener patriotischer Ehrgeiz der Macht der Wahrheit in der Länge nicht widerstehen, und wenn wir für uns Deutsche die Erfindung des Fortepiano's, so wie dessen wesentliche Verbesserung nachdrücklich beanspruchen [2]), so werden wir, stets der Wahrheit huldigend, die besonderen Fortschritte der neuesten Zeit unparteiisch und ohne Neid bei Nichtdeutschen anerkennen.

Selbst in England wird stets die Erfindung des Pianoforte's den Deutschen zugeschrieben, und zwar gilt Silbermann dafür. In England war es wieder ein Deutscher, Zumpe, der dieses Instrument wahrscheinlich um 1760 daselbst einführte. Damals war es ein oblonges Instrument, gegen 4 Fuß lang und 2 Fuß breit — die Tasten befanden sich auf der längeren Seite, wie bei den Querclavieren. Es war factisch das alte Instrument Virginal genannt. Die Saite wurde, statt durch Kiele von Federn gezupft zu werden, durch Hämmer geschlagen.

---

[1]) Wer über diese Angelegenheit sich gründlich unterrichten will, der lese nebst den schon angeführten Schriften die Discussion hierüber nach, welche im Jahre 1834 zwischen der Gazette und Revue musicale Statt fand. Leider konnte ich mir die Revue dieses Jahres hier nicht verschaffen. Auch die biographischen Lexica von Walther, Gerber und Fétis sprechen in einzelnen Artikeln hierüber.

[2]) Von Dr. Burney bestätiget im Tagebuche seiner musikalischen Reisen, übersetzt von Ebeling, Hamburg 1773. Einleitung p. 5.

Die Herren Longman & Broderip, Vorgänger des Fabrikhauses Clementi und Collard, führten zuerst die Stoßzunge ein. Den Dämpfer, vom Hammer getrennt, erfand ein Irländer, daher er lange Zeit der irische genannt wurde.

Um 1766 unternahm es wieder ein Deutscher, Backers Americus (factor et inventor, Jermyn street) die Hammermechanik auf die Harpsichord's zu übertragen. Bei diesem Vorgange, der in dem Locale der Burkhard Tschudi'schen Fabrik 33 gr. Pulteney street Statt fand, halfen ihm die Herren Broadwood und Stobart, welche ausgezeichnete Arbeiter in obgenannter Fabrik waren. Nach vielen Versuchen kam endlich das große Pianoforte zum Vorschein, und dieses ist in allen wesentlichen Punkten dasselbe Prinzip, nach welchem Broadwood und Stobart noch heut zu Tage arbeiten. Mr. Broadwood repräsentirt das conservative System der Baumechanik, alle möglichen praktischen Verbesserungen in seinen Kreis ziehend; seine Instrumente zeichnen sich daher jedenfalls durch Einfachheit, Wirksamkeit und große Dauer aus. Auch ist die Repetitionsmechanik nach einer einfachen aber soliden dauerhaften Art bei seinen großen Clavieren eingeführt.

Das große Fortepiano wurde in England zuerst am 16. Mai 1767 produzirt und zwar im königlichen Theater in Coventgarden. Auf dem noch aufbewahrten Theaterzettel steht nach der Annonce einer Oper Folgendes: End of Act I. Miss Brickler will sing a favourite song from Judith, accompanied by Mr. Dibdin on a new instrument, called Pianoforte. Oder deutsch: Am Ende des ersten Actes wird Frl. Brickler ein beliebtes Lied aus Judith singen, welches von Herrn Dibdin auf einem neuen Instrumente, Pianoforte genannt, begleitet wird.

Die Kirkman (noch jetzt blühend), Zumpe u. A. m. errichteten Pianofortefabriken zur selben Zeit.

Ein Componist für die Vorzüge des neuen Instrumentes erstand in Muzio Clementi. Da er kurze Zeit nach der Entdeckung und Einführung des großen Pianoforte in England gegen 1770 dasselbe öffentlich mit großem Erfolge produzirte, so trug er sehr viel zu dessen Einführung beim Publikum bei. Später folgende Künstler sannen auf neue Effekte, welche neue

Versuche im Baue des Instrumentes hervorriefen — eine solche Verbindung des Künstlers und Fortepianobauers konnte nur der Verbesserung des Claviers im höchsten Grade förderlich sein.

Sonderbarer Weise setzten die Musikverleger bis vor ungefähr 15 Jahren bei Claviercompositionen meistens noch das alte: for the harpsichord auf den Titel, ein Beweis, wie ungerne man in England vom Althergebrachten, was sich einmal geltend gemacht, abgeht.

In Deutschland wurden ebenfalls die ersten Fortepiano's in Clavierform (Querclavier) gebaut, später erst schritt man zur Flügelform, die man wohl auch noch jetzt, wenngleich unrichtig, Flügel nennt.

Friederici in Gera gab ihnen ebenfalls, wohl der Platz- und Kostenersparniß halber, im Jahre 1760 zuerst die Clavierform, die wir jetzt Tafelform nennen, und nannte sie Fortebien, zum Unterschiede von jenen. Späth in Regensburg änderte viele Claviere in Pianoforte's um, und trug dadurch viel zu ihrer weiteren Verbreitung bei. Da der Anschlag des Fortepiano's den einzigen Unterschied von dem früheren Flügel bildet, so ist die Beschreibung desselben nicht mehr nöthig.

Einen wichtigen Aufschwung erhielt der Mechanismus unseres Instrumentes durch Joh. Andr. Stein, Organist und Instrumentenmacher zu Augsburg, einem Schüler Silbermann's (geb. 1728, gest. 1792). Im Jahre 1758 verfertigte er zu Paris, wo er sich und seine Instrumente produzirte, sein Piano organisé und Piano vis-à-vis, ein Concertinstrument, in welchem das Fortepiano mit dem Flügel zusammen verbunden war, doch so, daß jedes Instrument seine eigenen Saiten und seinen Resonanzboden für sich hatte. Er erfand ferner die Melodica, das Polytoniclavichordium und das Harmonicon [1]. Im Baue des Pianoforte's rührt die Auslösung und der Fanger von ihm [2].

---

[1] Siehe Fétis Biogr. VIII. 275.
[2] Was von Mozart mit Bewunderung in einem Briefe an seinen Vater vom 17. October 1777 erzählt wird. — Mozart's Biographie von Nissen, p. 311. Fétis sagt in seinem Lexikon von ihm: Son mécanisme, à pilote simple et à marteau lèger suspendu par une charnière en peau, fut adopté par les facteurs anglais de cette époque, et par Erard dans ses premiers Pianos.

Lenker in Rudolstadt erfand 1765 die Dämpfer am Fortepiano, da vorher die Saiten forthallten. Joh. Gottlob Wagner, Instrumentenmacher in Dresden, baute zuerst 1774 tafelförmige Fortepiano mit **sechs** Veränderungen, welche durch Tritte mit dem Fuß regiert wurden und die er Clavecin royal nannte.

Graf Brühl, sächsischer Gesandter in London, ließ im Jahre 1774 daselbst unter seiner Aufsicht ein Fortepiano mit blau angelaufenen Stahlsaiten bauen, dessen Flötenton Alle entzückte, und noch den Vortheil hatte, daß die Saiten dem Roste mehr widerstanden. Schirmer in Sondershausen und Wilhelmi in Cassel bauten ausgezeichnete Instrumente. Bauer, Hofrath und Kastellan des Prinzen von Preußen, erfand um 1786 zwei neue Arten von Fortepiano. Die erste nannte er Crescendo, die zweite Royal crescendo. Durch Verschiebung der Claviatur konnte auch das Instrument um einen oder zwei Töne höher transponirt werden. Joh. Schmidt, Hof- und Landorgelbauer zu Salzburg (geb. 1757) verfertigte das erste (aufrechtstehende) Fortepiano in Pyramidenform mit Pedal. Joh. Georg Schenk, Hofinstrumentenmacher und Orgelbauer in Weimar (geb. 1760), ein Schüler von Stein, brachte bei seinem tafelförmigen Fortepiano eine Schwebung an, durch die man ein Echo bewirken konnte. Vincenz von Blaha, Dr. der Philosophie und Arzneikunde in Prag, hat im Jahre 1793 ein Fortepiano in Flügelform erfunden, unter welchem er, hinter seidenen Vorhängen ringsum, die ganze Janitscharenmusik, Triangel, Becken, Halbmond, große Trommel ꝛc. anbrachte, die sämmtlich mit dem Fuß dirigirt wurden. Ueber der gewöhnlichen Tastatur befindet sich noch eine andere, durch die Pfeifen zur Ansprache gebracht werden, welche den Wind aus einem, unter dem Instrumente ebenfalls befindlichen Blasebalg erhalten, der auch mit den Füßen dirigirt wird. Zink, Conrector in Hessen-Homburg, hat 1800 ein Instrument mit drei Claviaturen erfunden, worauf man ein Positiv, eine Harmonika, ein Fortepiano, ein simples Clavier und mehrere Blas- und Saiteninstrumente wiedergeben kann. Wornum in London war der erste, der 1809 das aufrechte Piano in kleinerem Formate mit schief gelegten Saiten, und später mit Wilkinson ein noch kleineres

Piano, Cottage genannt, erfand, in welchem die Saiten gerade liegen. Er trug am meisten zur Einführung dieser Gattung von Clavieren bei. In Frankreich machten dieselben Roller und Blanchet heimisch. Der Abt Tarentin zu Venedig erfand 1816 ein Fortepiano mit Pedal. Dem Kasten war nämlich noch ein zweiter beigefügt, welcher eine Octave der tiefen Saiten enthielt und vermöge eines Mechanismus die nämlichen Veränderungen im Tone erhielt, welche am Instrumente angebracht waren. Roller führte einen Mechanismus im Claviere ein, vermittelst dessen die Claviatur durch einen Schlüssel, gleich dem einer Pendeluhr, ein, zwei, drei, vier oder fünf Halbtöne auf- oder abwärts der Transposition wegen verschoben wurde. Im ersten Falle verschiebt sich mit jedem Halbtone eine Taste unter dem Resonanzboden, bei dem Herabstimmen aber verschwinden nach und nach fünf Baßtasten [1]). Noch heut zu Tage sind diese Instrumente aus seiner Fabrik sehr beliebt.

Bei Gelegenheit der Aufzählung der Fortschritte, die der Instrumentenbau im Clavierfache durchgemacht, mögen die Versuche angeführt werden, die denkende Köpfe zur Erfindung einer Vorrichtung ersannen, die das auf dem Claviere Gespielte zugleich zu notiren im Stande war. Den ersten Einfall von der Möglichkeit einer solchen Maschine hatte ein gegen das Jahr 1770 verstorbener Geistlicher in London, Namens Creed. Er legte selbigen der Akademie der Wissenschaften zu London 1747 in einem Aufsatze vor, welcher sich in den Philosophical Transactions 1747 Nr. 183 befindet, und außer diesem noch in Martins abridgment Vol. X. p. 266. Fast zur nämlichen Zeit beschäftigte sich ein deutscher Gelehrter, Joh. Fried. Unger [2]), Justizrath und Bürgermeister zu Einbeck, geb. 1716, mit der

---

[1]) Siehe Leipziger allg. musik. Zeitung, 26. Jahrgang 190, und Castil-Blaze's Dictionnaire de musique moderne II. p. 333. Art. Transpositeur. Ueber ein schon in früher Zeit bekanntes ähnliches Verfahren vide: Adlung's musik. Gelahrtheit, Erfurt 1758, p. 570, so wie desselben Autors: musica mechanica organoed. II. p. 147.

[2]) Er veröffentlichte seinen an die Akademie gesandten Aufsatz, so wie den mit Euler darüber geführten Briefwechsel in Braunschweig 1774. Seine Erfindung weicht von der von Creed gemachten gänzlich ab, ebenso von der von Hohlfeld in Ausführung gebrachten Maschine.

Lösung derselben Aufgabe. Da er aber in Ermanglung eines tüchtigen Mechanikers, der in seine Ideen einging, eine solche Maschine verfertigen zu lassen außer Stande war, so theilte er die Beschreibung nebst den betreffenden Zeichnungen um 1749 der königl. Akademie zu Berlin mit dem Ansuchen mit, dieselbe darnach in der Hauptstadt construiren zu lassen. Der Director Euler, so wie Sulzer, der berühmte Herausgeber der Theorie der schönen Künste, sprachen davon mit einem geschickten Mechaniker Hohlfeld, der mit ihnen in Berlin viel verkehrte. Dieser geniale Mann erfand alsobald, ohne obige Zeichnungen gesehen zu haben, eine Vorrichtung, die man an Clavieren anwendete, und legte diese Maschine 1752 der Akademie zur Prüfung vor. Sie bestand aus zwei Cylindern, welche auf einem Flügel befestiget waren, deren der eine das Papier aufwickelte, das sich während dem Spiele von dem andern drehte. Die Töne wurden durch Punkte und Striche mit Bleifedern auf das durch ein Triebwerk fortrückende Papier gezeichnet, und hernach zu Noten ausgeführt. Dies Verfahren war aber umständlich und mühsam, und so blieb es bei diesem Versuche. Merlin, ein Mechanikus zu London, versuchte eine ähnliche Maschine, welche Fürst Galitzin an sich brachte. Es ist nichts Näheres über den Bau derselben bekannt geworden.

Pater Engramel, ein Mönch in dem Augustiner-Kloster der Königin Margarethe zu Paris, gab daselbst 1775 ein Werk unter dem Titel heraus: La Tonotechie ou l'art de noter les cylindres (die Kunst, die gespielten Töne auf Walzen zu notiren). Er wandte nur einen Cylinder an, welcher mit einem weißen und einem schwarzen Papier überzogen ist. Derselbe wurde von einer Handhabe in Bewegung gesetzt und konnte 15 mal gewendet werden, was ungefähr drei Viertelstunden dauerte. Er stand mit einer Claviatur in Verbindung, deren Tasten durch die analogen im wirklichen Claviere in Bewegung gesetzt wurden. Der Erfinder vermittelte nicht allein die Notirung des Gespielten, sondern er konnte sogar hernach dasselbe nochmals zu Gehör bringen, indem er in die Punkte, die auf dem Papiere durch seine Maschine markirt wurden, kleine Stifte einschlug, wie sie eben noch heute bei Spieluhren zu sehen sind. Labord erzählt bei dieser Gelegenheit eine ergötzliche Anecdote.

Gattey kündigte 1783 im Journal de Paris eine ähnliche Maschine an, eben so der Claviermacher Riedler in Bonn, ohne daß Beide bekannt geworden wären. Pfeiffer, ein Orgelbauer in Stuttgart, erfand 1801 ein solches Piano mélographe. — Stanhope, Winnicombe u. A. m. in London, Careyre 1827 und Baudouin in Paris erneuerten die Versuche, jedoch, wie es scheint, ohne sichtlichem Erfolg. Dasselbe war der Fall mit einem Instrumente, welches der Claviermacher Wetzels 1838 in Paris erfand. Pape's Piano sténographe und Guérin's Pianographe haben auf der Pariser Ausstellung im Jahre 1844 das Ziel schon näher erreicht, die Schwierigkeit der Aufgabe jedoch ist so immens, daß bis heutigen Tages ein vollkommenes Instrument, welches allen Anforderungen entspräche, noch unter die frommen Wünsche gehört.

Indem wir wieder zu unserem Pianoforte zurückkehren, so wollen wir in einem abgesonderten Capitel der Fortschritte gedenken, die die Pianofortefabrikation in Oesterreich gemacht, wenn gleich schon früher manche Namen vorkommen, die meinem Vaterlande angehören. Es ist erklärlich, daß ich hierin mich weitläufiger ausspreche, um so mehr, als man von manchen Seiten trachtet, die Verdienste zu ignoriren, die sowohl früher als auch gegenwärtig unsere Instrumentenmacher sich um den Bau der Claviere erworben haben.

Fortschritte des Clavierbaues in Oesterreich.

Wien war von jeher der Hauptplatz der Fabrikation — in dieser Stadt wurde eben die Musik schon seit den frühesten Zeiten mit vielem Eifer und Talente betrieben, so wie überhaupt Oesterreich als ein bevorzugtes Land in dieser Kunst gilt. Im Besitze herrlicher Volkslieder, großer Tonmeister, (Mozart, Haydn, Schubert, Gluck, Beethoven, so wie viele alte berühmte Kapellmeister, wie Caldara, Gaßmann, Fr. Conti, und Organisten wie Kaspar v. Kerl, Froberger, Muffat ꝛc. ꝛc. sind theils daselbst geboren, theils haben sie in Wien gelebt und gewirkt) hatte sich Wien noch besonders des Umstandes zu erfreuen, daß die österreichischen Regenten eine ungewöhnlich große Vorliebe für Musik zeigten, die durch gründliche Musikkenntniß bei Einigen in Theorie und

Ausübung, so wie auch durch Compositionstalent bei Andern sich genügend äußerte.

Das Sprüchwort: Regis ad exemplum — hat daher bei uns ebenfalls der Musik viele Verehrer und Talente zugeführt. Das Musiktreiben war erwähntermaßen seit den ältesten Zeiten bei Hofe und dem Adel ungemein lebhaft und verbreitet, woraus leicht zu entnehmen, wie solche Beispiele und Aufmunterungen, verbunden mit angeborner Begabung, nicht allein die Musik und Alles was darauf Bezug hatte, ungemein heben mußten, sondern daß durch selbe gewiß der Nationalcharakter des Oesterreichers in seiner biedern, herzlichen und gutmütigen Färbung bewahrt wurde. Wo ein Volk so singt, wie das unsere, da haben vorläufig der Egoismus, die kalte Speculationssucht und Schroffheit, so wie Mißtrauen im Benehmen, noch nicht so weit um sich greifen können, um aus solchen Symptomen auf fast gänzliche Talentlosigkeit zur Musik schließen zu lassen.

Es sei mir daher bei dieser Gelegenheit erlaubt, einige erlauchte Namen hier voranzuschicken, deren Einfluß auf unsere Kunst von großem Gewichte war, und dadurch den Umstand anschaulicher zu machen, der als natürliche Folge davon nur äußerst günstig, sowohl auf die Kunst, wie auf den Instrumentenbau, schon in frühesten Zeiten gewirkt hat.

Der große Kaiser Maximilian I. (geb. 1459, gest. 1519) war nach dem Berichte seines Biographen Cuspinianus ein besonderer Liebhaber der Tonkunst. Die größten Musiker seiner Zeit waren an seinem Hofe angestellt. Auf den ausdrücklichen Befehl des Kaisers wurde sein Organist und Capellmeister Paul Hofhaimer (geb. 1459 in Steiermark und gest. 1537 in Salzburg) auf dem berühmten Triumphzug Kaiser Maximilian I. nach Albrecht Dürer's Zeichnung von Hanns Burgmayer in Holz geschnitten [1]), auf dem Positiv spielend dargestellt, nachdem er früher in den Adelstand erhoben war. Maximilian I. war auch der Stifter der k. k. Hofbibliothek.

Kaiser Carl V. (geb. 1500 zu Gent, gest. 1558 im Klo-

---

[1]) Ausführlich beschrieben in C. F. Beckers: die Hausmusik in Deutschland im 16., 17. und 18. Jahrhunderte, p. 18, unten.

ster St. Justi in Spanien), dieser aus Habsburg'schem Stamme entsprossene mächtigste Fürst der Christenheit, in dessen unermeßlichen Besitzungen in zweien Welttheilen die Sonne nicht unterging, war ebenfalls ein großer Kenner und Verehrer der Musik. Er hatte zugleich drei verschiedene Capellen unter seinem Hofstaat, eine in Wien, die zweite in Madrid, die dritte begleitete ihn auf seinen Reisen. Burney erzählt in seiner Geschichte der Musik (Bd. II., p. 573) interessante Züge von seinem feinen Gehör, seinen musikalischen Kenntnissen, und spricht mit Verehrung von seinen großen Verdiensten als Beförderer der Kirchenmusik.

Ferdinand I. (geb. 1503, gest. 1564) war ebenfalls ein großer Beförderer und Beschützer der Musik, eben so

Rudolph II. (geb. 1552, gest. 1612). Dieser hatte einen Organisten an seinem Hofe, Charles Luyton, dessen merkwürdiges Clavier 1589 in Wien fabrizirt worden ist. Die Obertasten waren nämlich in zwei Hälften getheilt, um bei verschiedener Besaitung eine andere Taste für Kreuz-, eine andere für B-Töne zu haben; so hatten cis und des verschiedene Tasten und Saiten. Die Claviatur war auch beweglich und konnte siebenmal transponiren[1]). Dieses ist die erste Notiz, die ich über ein in Wien verfertigtes Clavierinstrument aufgefunden habe, wiewohl aus dem Früheren hervorgeht, daß die Fabrikation schon vorher einheimisch gewesen sein muß.

Ferdinand III. war selbst ein vorzüglicher Componist. Von seinen Werken besitzen wir noch ein einstimmiges Miserere; eine Messe für 5 Stimmen; eine zweite für 7 Stimmen mit Cornetten und Fagotten; eine dritte für 8 Stimmen mit 8 Instrumenten; ein im Jahre 1649 componirtes Drama musicum. Mehrere der angesehensten Künstler seiner Zeit, wie z. B. Frohberger, verdankten seiner Unterstützung allein ihre Bildung und ihren Ruhm. Kircher erzählt in seiner Musurgie I. 690, nachdem er kurz vorher, p. 685—689 auch eine sogenannte Melothesia Caesarea für 4 Stimmen und Generalbaß in Partitur

---

[1]) Siehe Praetorius, Syntagma musicale II. 64. 65.

von ihm mitgetheilt hat, daß er verschiedene Litaneyen componirt habe: summo sane ingenio. Jene Melothesia ist eine Art Motette damaliger Zeit. Sein Kammer=Organist Wolfgang Ebner veröffentlichte 1648 36 Variationen über ein Thema von ihm.

Leopold I. (geb. 1640, gest. 1705) liebte die Musik mit Leidenschaft und war auch selbst Componist, hatte eine der größten Hof= und Kammercapellen seiner Zeit, welche ihm jährlich 200,000 fl. kostete, und die aus den bedeutendsten Tonkünstlern bestand, deren Mancher an 6000 fl. Gehalt bezog. Er selbst spielte auch mehrere Instrumente sehr fertig, besonders Clavier, auf dem er eine bedeutende Virtuosität besaß [1]). Deshalb hatte er auch in allen seinen Zimmern ein Clavier stehen, um die Ideen sogleich, wie sie ihm einfielen, bearbeiten zu können. Er prüfte auch alle Opern selbst, die auf seiner Bühne gegeben werden sollten, und fast zu jeder komponirte er noch neue Arien oder andere Stücke. Bei den Aufführungen in der Favoritta pflegte er am Claviere die Partitur zu spielen, wobei ihm sein weltberühmter Hofcapellmeister Joh. Jos. Fux (geb. 1660, gest. 1735) assistirte. Fux hatte unter seiner Oberleitung den Vice=Capellmeister Antonio Caldara und die drei Componisten Carlo Badia, Giuseppe Porsile und Francesco Conti. Während seiner Regierung wurden bei Hofe die prachtvollsten Opern und theatralischen Feste gegeben, von denen Manches, wie z. B. il Pomo d'oro über 60,000 fl. kostete. In der Wiener Hofbibliothek bewahrt man noch folgende Compositionen Kaiser Leopold's I. auf: 6 italienische Oratorien und 2 deutsche Cantaten aus den Jahren 1680—1689, die Musik zu drei italienischen und vier deutschen theatralischen Festen, mehrere Kirchenstücke, Madrigalen ec.

Kaiser Joseph I. (geb. 1678, gest. 1711) spielte gut Clavier, blies die Flöte, und war in andern Instrumenten ebenfalls so geschickt, daß er sich vor Kennern hören lassen konnte. Auch componirte er manche gute Stücke.

---

[1]) Georg Muffat, der ihm 1690 seinen Apparatus musico-organisticus widmete, sagt in der Vorrede: Quamquam enim et chordas magna facilitate ac laudatissima peritia percurrere noris etc.

Auch Kaiser Carl VI. (geb. 1685, gest. 1740) war sehr musikalisch gebildet, componirte Vieles, und nahm nicht selten an der Direction der aufgeführten Musikwerke bei Privatvorstellungen in der kaiserl. Favorite am Flügel persönlichen Antheil, während seine Prinzessinen die Bühne betraten, wie solches im Jahre 1725 bei der Aufführung einer Oper von Fux geschehen, worin die große Maria Theresia (damals 7 Jahre alt) mitspielte und mitsang [1]). Er besaß eine für jene Zeit eminente Fertigkeit auf dem Claviere, auch viele theoretische Kenntnisse, und hat sich selbst als Componist von vielen Claviersachen, besonders aber von vielen Canons, rühmlichst bekannt gemacht. Da er die canonische Schreibart sehr liebte, so suchte er dieselbe auch durch allerlei Aufmunterungen bei den bewährtesten deutschen, italienischen und französischen Componisten zu fördern.

Kaiserin Maria Theresia (geb. 1717, gest. 1780) glänzte als tiefe Kennerin der Tonkunst, indem sie ausgezeichnet sang. Der k. k. Kammer-Compositeur Georg Christoph Wagenseil (geb. 1688) war ihr Lehrer. Im Jahre 1739, also ein Jahr vor ihrem Regierungsantritte, sang sie zu Florenz mit dem berühmten Senesino ein Duett. Ausgezeichnet von Natur durch eine seltene Körperschönheit, und dazu, ihre wirkliche Kunstfertigkeit abgerechnet, mit einer wunderherrlichen Stimme begabt, soll sie alle Hörer hingerissen haben.

Eine bedeutende Celebrität der jüngst verflossenen Zeit in musikalischer Beziehung, selbst wenn sie dem Bürgerstande entsprossen gewesen wäre, erblicken wir in dem Erzherzog Rudolph [2]), dem Großoheim unseres jetzigen Kaisers. Er war Freund und Schüler des großen Beethoven, besaß selbst viele Fertigkeit im Pianofortespiel und auch in der Radirungskunst. Er lieferte sowohl Kupferstiche nach eigenen Zeichnungen, als

---

[1]) Im Jahre 1735 wurde bei Hofe eine Oper aufgeführt, in welcher die beiden Erzherzoginnen Maria Theresia und Maria Anna, deren beide Hofdamen, Stirum und Fuchs, ein Graf Loggi und der Abbate Leporati spielten und sangen. Eine ähnliche Vorstellung fand auch 1735 bei Hofe Statt.

[2]) Cardinal-Erzbischof von Olmütz, geb. 1788, gest. 1831.

auch Clavier= und geistliche Compositionen strengeren Stiles. Unter den Pianisten seiner Zeit war er einer der fertigsten, gebildetsten und geschmackvollsten. Er gehörte zu den außerordentlich geübten Partiturspielern, war ein Kenner der classischen Musik, und ein echter Mäcen, der viele Künstler großmüthig unterstützte und seinem Lehrer bis ans Lebensende einen jährlichen Gehalt gab. Die höchst reichhaltige, wahrhaft kostbare musikalische Bibliothek, deren Zierde unter andern auch die Prachtausgabe von Händel's Oratorien und das einzige Partitur=Exemplar der vollständigen Sammlung sämmtlicher Werke Beethoven's in kalligraphisch=eleganter Abschrift sind, ist mittelst letztwilliger Verfügung ein Eigenthum der Gesellschaft der Musikfreunde des österreichischen Kaiserstaates geworden, deren erster Protektor Erzherzog Rudolph war. Seine Compositionen sind mit E. H. bezeichnet und besitzen gediegenen Werth.

Aus diesem geschichtlichen Abriß der die Musik liebenden und befördernden Regenten und Mitglieder des österreichischen Kaiserhauses ist es leicht erklärlich, daß bei dem persönlichen Antheil so erlauchter Personen an der Tonkunst und insbesondere an dem Clavierspiele, die Instrumente bestimmt vortrefflich waren, deren der glänzende, prachtliebende Hof sich bediente. Wir können auch mit Zuversicht den sicheren Schluß ziehen, daß jene in Oesterreich und wahrscheinlich in Wien selbst verfertigt worden sind, denn sonst hätten die Biographien von Instrumentenmachern anderer Länder, die die Lieferungen an den österreichischen Hof zu versorgen hatten, gewiß diesen Umstand mit Wichtigkeit hervorgehoben, anstatt ihn unberührt zu lassen.

Hier bei dieser Gelegenheit muß ich nun in die Klage mehrerer, nach historischer Entwicklung in andern Fächern Forschender mit einstimmen, daß leider sehr wenig Vorlagen aus früherer Zeit aufzufinden sind, die bei uns aus Bescheidenheit — ich will nicht sagen aus Theilnahmlosigkeit an eigenem Verdienste — und vielleicht aus Bequemlichkeit versäumt wurden. Doch so viel ist aus Notizen hie und da zu entnehmen, daß man den Wiener Pianofortemachern eine angenehme Spielart, einen lieblichen musikalischen Clavierton seit lange als charakteristisch zuschreibt, eben so als mechanische Eigenthümlichkeit den Fagottzug (der mit Recht in Vergessenheit gerathen ist) so wie das Verschiebungs=

pedale, welches in nächster Verwandtschaft zur Transpositions=
vorrichtung steht.

Von den in Kunstwörterbüchern des Auslandes sogar er=
wähnten Namen unserer Fabrikanten nenne ich: André
Stein (Sohn), Christoph (im Clavichord), Kober (in
Flügeln und Querinstrumenten), Walther, Schanz, Bleyer,
Wachtl, Brodmann, Leschen, Martin Seuffert[1]),
Conr. Graf, so wie in neuester Zeit Streicher, Bösen=
dorfer, Schweighofer ꝛc.

Thon in seinem Buche über Clavierinstrumente (1825,
Ilmenau, Voigt) führt außer den meisten der schon früher er=
wähnten Namen noch folgende sich auszeichnende Instrumenten=
macher in Oesterreich an:

Bertsche in Wien,		Horack	in Zwettl (Oesterr.)
Donal	„	Kalb	„ Prag,
Hofmann	„	Keßler	„ Eger (Ungarn)
Jäckisch	„	Kleeblatt	„ Oedenburg(detto)
Katholnig	„	Klügel	„ Güns (detto)
Köber	„	Müller	„ Eger (Böhmen)
Marschal	„	Rausch	„ Leitmeritz (Böh= men)
Müller	„		
Rosenberger in Wien,		Reuß	in Prag,
Schneider	„	Rott	„ detto
Seidel	„	Schmidt	„ Salzburg,
Streicher Nannette, geb. Stein, in Wien,		Schmidt	„ Ellbogen (Böh= men)
Teutschmann	„	Schwarz	„ Salzburg,
Wimula	„	Schwarz	„ Grätz,
Wist	„	Staudinger in Brünn (Mähren)	
Gärtner in Tachau (Böhmen)			
Gatto „ Krems,		Staudinger in Engels= berg (Böhmen)	
Gries „ Grätz,			
Guth in Tschisday (Böhmen)		Weise in Prag,	
Horack „ Kuttenberg (detto)		Zausisch in Wiener=Neustadt.	

[1]) Bleyer, Wachtl und Seuffert verbesserten 1804 das aufrechtstehende
Fortepiano und führten es allgemein ein, wie in der Leipziger allgem.
Musikzeitung, 13. Bd., p. 812, Intelligenzblatt Nro. 17. zu lesen ist.

Wir gehen nun wieder zu den Details des Clavierbaues, die Versuche und Verbesserungen zusammenstellend, die von Wiener Instrumentenmachern ins Leben gerufen wurden, und wovon beinahe jedes Jahr einige Beispiele aufweiset.

Joh. Bapt. Streicher baute 1824 Fortepiano's in Flügelform mit Hammerschlag von oben, und aufrechtstehende mit einer Octavenkoppelung, vermöge welcher bei jedem angeschlagenen Tone dessen höhere Octave mit erklingt. Im Jahre 1830 nahm er ein Patent auf einen Stoßzungenmechanismus für Claviere in Kasten nach Wiener Art gebaut, welcher den Uebergang zu den Clavieren ganz englischer Construction in Beziehung des mechanischen Baues bildet, was aber den Ton und die Spielart betrifft, die Vorzüge beider Gattungen vereinigt.

In Beziehung auf die Claviatur haben 1824 Georg Staufer und Max. Haidinger ein Patent auf die veränderte Form desselben genommen, indem sie sie eingebogen und kreisförmig bauten. Doch hatte die Erfindung keine weiteren Folgen.

Fr. Schuster erhielt ein Patent 1821 auf ein unverstimmbares Clavier, genannt Adiaphanon.

Stein Carl ebenfalls 1828 auf die Vorrichtung, das sogenannte Klappern und Scheppern in der Tastatur zu beseitigen.

Matth. Müller, der schon 1800 sich auf ein Clavier: Dittanaklasis, mit zwei Claviaturen — 1801 auf ein Doppelclavier patentiren ließ, nahm von neuem ein Privilegium 1825 auf Claviere, bei welchen die Claviatur über den Saiten und dem Stimmstockkloße liegt, und der Hammer von oben in den Steg des Resonanzbodens schlägt.

Den Stimmstock brachte Leschen 1826 oben so an, daß die Saiten unter ihn befestiget wurden und der Hammerschlag an die Saiten von unten gegen den Steg und Stimmstock kommt, wozu noch einige Modificationen traten. Am Stege brachte Jos. Ehlers [1]) 1824 eine Verbesserung an, auf dem Stimmstock denselben doppelt (Capo tasta) von Metall, Eisen,

---

[1]) Siehe später über die Erfindung von Adolph Sax, so wie die Note bei Allison.

Messing 2c., oder auch aus Holz anzubringen, daß der Anschlag des Hammers gegen diesen Steg kömmt, der sich auf und nieder, vor= und rückwärts schrauben läßt. Diese Vorrichtung soll die Vortheile gewähren, durch Verkürzung oder Verlängerung der Mensur das Instrument höher oder tiefer oder mit andern Instrumenten augenblicklich gleichstimmen zu können. Die metallene Vorrichtung ist in drei Theile getrennt, einer ist für den Baß, der zweite für die Mittellage, der dritte für den Sopran.

Die Stegstifte erhielten durch den schon öfter genannten Math. Müller die Aenderung, daß er anstatt jener, Stimmgabeln von Stahl oder Messing mittelst Stimmstiften anwendete, die nach den Saiten ihre Verjüngung erhalten, und nach dem Tone, den ihre Saiten haben, gestimmt werden, wodurch die dritte Saite entbehrlich, die Fülle des Tones befördert und noch mancher Vortheil erzielt werden.

Der Resonanzboden erhielt durch Brodmann die Verbesserung (1825), daß derselbe weder zerspringen, noch zerreißen kann und die gehörige Steifheit erhält, ohne unter ihm Rippen oder Leisten anzubringen, Promberger wurde 1824 durch 9 Jahre patentirt auf ein Verfahren, nach welchem durch eine besondere Anheftung der Saiten und des Resonanzbodens die Corpuszarge frei und unabhängig gesetzt und ein eigenthümlicher Ton hervorgebracht werden kann. Man versuchte es auch, und zwar mit dem besten Erfolge, den Resonanzboden über den Saiten anzubringen, und zwar erhielt Joh. Jac. Goll 1822 ein fünfjähriges Privilegium darauf, so wie von demselben die Resonanzböden aus Eisen oder anderem Metalle verfertigt und eine Stimmerleichterung angebracht wurden.

Fried machte Versuche, doppelte Resonanzböden anzubringen; der obere Theil war von Holz, der untere eine pergamentartig zubereitete Ochsenhaut. Janssen erhielt 1824 ein Patent auf eine Verbesserung dieses Versuches. Die Böden standen zwei bis drei Zoll von einander entfernt. Anders verbesserte den Resonanzboden durch eine neue Wölbung. Hora verdoppelte denselben ober den Saiten, wendet einen einfachen wie gewöhnlich noch dabei an, und hat bei dem Mitteausschnitt statt der Breter noch einen Schallboden zugefügt (1826). Carl Stein machte ein Pianoforte mit Pedal von besonders schönem Effekte; das Pedal hat 14 Töne.

Im aufrechtstehenden Pianoforte haben wir schon der im Jahre 1824 angewandten Octavenkoppelung J. B. Streicher's erwähnt, nach welcher dieselbe Taste sowohl ihren eigenen so wie den Hammer der nächsten Octave gleichzeitig in Bewegung setzt.

Promberger nannte ein von ihm erfundenes aufrechtes Pianoforte (1824) Sirenion; dagegen Fr. Weiß das seinige Apollirikon, welches die Gestalt einer auf einem Säulenfuße ruhenden Leier des Apollo hat. Ausläufer und Hämmer wirken ohne Feder dabei, wodurch das Versagen des Tones vermieden wird. Nach diesen Genannten verbesserte J. B. Streicher den Bau des Instrumentes durch Anwendung einer hölzernen, mit Eisenblech überzogenen Anhängplatte, statt der in Frankreich und England üblichen Eisenplatten, wodurch bei gleicher Solidität des Instrumentes ein geringeres Gewicht desselben erzweckt ist, und ferner durch das Abnehmen der unter dem Resonanzboden befindlichen Zarge bis beinahe an den Resonanzboden, bei mit Röhrenverspreizung versehenen Clavieren, nach bereits gemachten Erfahrungen der Deutlichkeit der Töne großer Vorschub geleistet wird.

Um diese Zeit verfertigte er Instrumente für den Kaiser von Rußland und den König von England. Ries Jos. F., der Bruder des berühmten Componisten, hat an den Tafelpiano's neue Constructionen angebracht, z. B. eine eigene Art von Dämpfung — ähnliche Verbesserungen am tafelförmigen Claviere, wie Streicher am großen, mit Einwilligung des Letzteren ꝛc. Hora wendete 1835 doppeltwirkende Resonanzböden an, so wie Kapseln eigener Erfindung, die nicht geölt zu werden benöthigen. Im Jahre 1839 stellte derselbe die Haupttheile seiner Instrumente, als: Corpus, Stimmstock, Anhängleiste und Verspreizung im Ganzen aus Gußeisen her. Der Corpus, mit Scharnieren versehen, schälte sich auf originelle Weise ab und ließ die inneren Theile wie bei manchen Uhren schauen, der Resonanzboden stellte sich bei dieser Weglassung der Wände ganz frei zur Ansicht. Schwab Wilh., Fortepianomacher zu Pesth, übersendete zur Ausstellung im Jahre 1839 ein Fortepiano in Flügelform, bei

welchem hinter dem großen Steg Federsaiten aufgespannt und
die Hämmer durch einen Schutzdraht gegen das Abbrechen beim
Herausziehen der Claviatur, dann durch einen am Hammerstiele
angebrachten Sperrhaken gegen das Ausspringen aus den Kap=
seln gesichert waren. Die Anwendung federartiger Saiten hinter
dem großen Stege ist neu; hierdurch soll die Stimmung bei
jedem Temperaturswechsel erhalten werden. An derselben Aus=
stellung betheiligte sich Streicher ebenfalls mit Verbesserun=
gen des englischen Mechanismus in Flügeln, so wie einer eigens
eingerichteten Mechanik für Pianino's, die neuer Art ist. Bei
dieser Gelegenheit trat Bösendorfer zum ersten Male mit
vortrefflichen Instrumenten vor das öffentliche Forum. In der
letzten Ausstellung Anno 1845 wurde an Streicher als we=
sentliche Verbesserung hervorgehoben: die an den Instrumenten
englischer Construction zum Auf= und Niederschlagen eingerich=
teten Hammerstühle, eine sehr einfache Repetitionsauslösung, eine
neue Bezugsart mit Beseitigung der Schränkstifte auf dem großen
Stege ꝛc. Bösendorfer, Seuffert und Schweighofer
leisteten bei dieser Gelegenheit Ausgezeichnetes. Hora lieferte
eine neue Erfindung. Um nämlich dem Resonanzboden mehr
Schwingung abzugewinnen, brachte er über denselben 43 eiserne
Schienen an, welche von der Anhängleiste bis zum Stege des
Resonanzbodens sich erstreckten und an deren jeder sechs Saiten
befestigt waren. Um den Resonanzboden in gleicher Lage zu er=
halten, hat der Aussteller die Saiten auf dem Resonanzboden=
stege doppelt geschränkt, nämlich drei nach der rechten, drei nach
der linken Seite, wodurch sich der Schränkungszug gegenseitig
aufhob. Der Ton war sehr voll und rund.

Wilhelm Bachmann trat ebenfalls mit vortrefflichen
tafelförmigen Piano's und einem Pianino auf, welches mit den
englischen die Concurrenz aushalten könnte.

Ries placirte in einem Tafelpiano die Saiten unter dem
Stimmstocke und Resonanzboden. Der Mechanismus war mit
Stoßzungen, die Dämpfung an der Tastatur selbst befestigt und
ließ sich mit derselben herausziehen. Er hatte hierbei eine eben
so einfache als sinnreiche Vorrichtung angebracht, welche beim
Herausziehen der Tastatur selbstwirkend die Dämpfung aus
den Saiten hob und so lange von denselben entfernt hielt, bis

keine Beschädigung der Dämpfung mehr möglich war. Eben so wirkt diese Vorrichtung im Gegensatze beim Hineinschieben der Tastatur.

L. Beregszászy und J. Mata hatten bei ihrem Concertflügel einen eigenthümlichen Gliedermechanismus zum Tremoliren angebracht, wodurch der Hammer nach völligem Niederdrücken der Taste wieder zum Anschlag gebracht wird, ohne die Taste vorher gänzlich in die Höhe steigen zu lassen, indem dadurch ein leichteres Tremoliren und ein kräftigerer Anschlag erreicht wurde. Ehrenreich stellte einen Flügel aus, welcher auch unten mit Saiten bespannt war, und somit gleich die Anbringung eines Saiten=Pedals für Orgelspieler zuließ, wofür man sonst gewöhnlich einen eigenen Pedal=Kasten dem Claviere unterstellt.

Dieser zum Theile aus authentischen Berichten entnommene übersichtliche Auszug zeigt durch seine Reichhaltigkeit, daß die Wiener Instrumentenmacher mit Eifer bestrebt sind, unausgesetzt Verbesserungen an ihren Clavieren anzubringen. Es ist daher Unrecht, ihnen im Auslande nicht diese Würdigung angedeihen zu lassen, die sie in der That verdienen. Der Umstand ferner, daß die gediegensten und zahlreichsten Virtuosen auf dem Claviere eben in Wien ausgebildet werden, gibt den Verfertigern häufige Gelegenheit, Viel zu hören, zu vergleichen und den Anforderungen, die die Specialität des vorzüglichen Tonanschlages nur zu stellen im Stande ist, zu genügen. Dadurch wird die musikalische Erfahrung mit der technischen Routine zum Fortschritte angespornt. Ueber das Wechselverhältniß der Wiener Clavierfabrikation zu der in andern Ländern, folgt das Nähere in den kommenden Abschnitten. So weit übrigens meine Kenntniß von den verschiedenen Zollbestimmungen in Hinsicht auf Einfuhr reicht, kann ich nur aus Erfahrung mittheilen, daß unsere Instrumente einen größeren Eingangszoll in Frankreich und England zu zahlen haben als umgekehrt, woraus wohl der Schluß zu ziehen ist, daß die betreffenden Regierungen die Wiener Pianofortefabrikation nicht gering achten. Die Thatsache steht übrigens fest, daß weit mehr Claviere aus= als eingeführt werden, und daß dieser Industriezweig in neuerer Zeit überaus beschäftiget ist. Jedenfalls zeichnet sich unsere Fabrikation durch ihre reelle Preiswürdigkeit aus. Ueber die anderen Eigenschaften unserer Instrumente verweise ich auf die weiteren Betrachtungen.

Um nun wieder nach dieser vaterländischen Episode auf die allgemeine Geschichte des Instrumentes zurückzukehren, muß ich nochmals den Umstand erwähnen, daß die Silbermann'sche Manier in England viel Anklang fand, und die Mechanik, welche man jetzt gewöhnlich die englische zu nennen pflegt, keine andere als die verbesserte Silbermann'sche, also auch eine deutsche ist. Das Princip dieses Baues ward später durch Stein verdrängt, dessen Mechanismus als Gegensatz zu dem Früheren sonderbarerweise der deutsche ebenfalls genannt und lange Zeit unveränderlich von den deutschen Instrumentenmachern beibehalten wurde. Endlich übersiedelte die alte Silbermann'sche Mechanik von England nach Frankreich.

Dieses Land übte von jeher, besonders nach den Kriegen, vielen Einfluß auf Deutschland — und so kommt es, daß die jetzigen deutschen Claviermacher theils französische, theils englische Muster copiren, mit Ausnahme der Wiener Schule, die der alten, mit der Zeit wesentlich verbesserten, aber im Princip nicht veränderten Mechanik treu geblieben ist, und zwar in voller Erkenntniß ihrer zweckmäßigeren Richtung.

Die englischen Pianofortefabrikanten behaupteten lange Zeit ihr Uebergewicht über die Franzosen. Die noch jetzt blühenden Häuser Broadwood, Collard (früher Clementi), Stodart, Kirkman, Rolfe, Wornum ꝛc. ꝛc. waren von frühester Zeit sehr bedeutend und berühmt — später hob sich die französische Fabrikation, namentlich durch das Genie Seb. Erard's [1]), des Gründers der berühmten Pariser Pianofortefabrik. Pleyel, Roller, Pape, Pezold u. A. m. arbeiteten ebenfalls mit rastlosem Fleiße und bereicherten die Baukunst des Claviers mit wesentlichen Erfindungen und Verbesserungen; die öffentlichen Industrieausstellungen, im Jahre 1849 die eilfte, erneuerten den stets regen Ehrgeiz, und so hob

---

[1]) Geb. 1752 zu Straßburg, gest. 1831.

sich dieser Industriezweig in jenen Ländern auf diese große Stufe. Zahlreiche Privilegien und Patente wurden den ersten Namen Englands und Frankreichs verliehen, und zugleich durch die ungemein gesteigerte Vorliebe für Clavierconcerte der Ruf allenthalben verbreitet. Doch hat man diesen nichtdeutschen Instrumenten die sehr schwere Spielart wie den dumpfen Ton früher vorgeworfen. Erstere machte zuweilen das beharrliche Studium gesundheitswidrig — gelähmte Hände und Finger, Blutbrechen ꝛc. waren die Folgen dieser Anstrengung, und an den dumpfen Ton waren wir in Deutschland nicht gewohnt.

Die neueste Zeit hat nun auch Aenderungen in beiden Puncten in England und Frankreich hervorgebracht, die als wahre Concessionen dem Wiener Geschmacke gegenüber zu betrachten sind. Die Spielart ist leicht — beinahe zu leicht — und der Ton heller, freundlicher geworden. Dagegen hat die Wiener Mechanik gegenüber der anglo-fränkischen von ihr mehr Solidität und größere Klangerzeugung angeregt bekommen [1].

Obwohl die frühere Zeit viel mehr im Clavierfache erfand, als die neuere [2], die das Practische der früheren Versuche zu verbessern und allgemeiner zu machen versteht, so sind doch in jeder der drei Hauptstädte der Fabrikation (Paris, London und Wien) manche ehrenwerthe Verbesserer und Erfinder mit um so größerer Anerkennung anzuführen, als solche Bestrebungen gewöhnlich denjenigen nicht zu Gute kommen, die Talent, Nachdenken und zuweilen beträchtliche Versuchskosten darauf verwendet haben.

---

[1] Herr Kützing, der in seinen manches Verdienstliche enthaltenden Schriften, als: das Wissenschaftliche der Fortepianobaukunst ꝛc. ꝛc., über die Wiener Instrumentenmacher vorschnell loszieht, zeigt nur, daß er die Besseren von ihnen gar nicht kennt, noch weniger untersucht hat.

[2] Der berühmte Chladni berichtete in der Leipziger allg. Musikzeitung über Verbesserungen und Brevets, die in England, Italien und Oesterreich vorkommen. Selbe beliefen sich

  im Jahre 1821 auf 8 vide Ztg. p. 393
    „ „ 1824 „ 15 „ „ „ 809
    „ „ 1825 „ 12 „ „ „ 225
    „ „ 1826 „ 14 „ „ „ 693

In London gelten Wornum,
„ Paris Pape, Roller, Montal (früher Petzold),
„ Wien Hora

als diejenigen, welche mit Opfern Neues erstreben und dasselbe durchzuführen trachten.

Das Wort Erfindung ist übrigens ein relativer Begriff und in seiner weiteren Bedeutung zu nehmen. Manches stand theoretisch schon früher auf dem Papiere oder hat sich lange practisch nicht einführen lassen, was eine spätere geschickte Hand dem allgemeinen Gebrauche zugänglich machte. In dieser Gebrauchsverbreitung besteht eben eine andere Art von Erfindungsgabe.

Wenn ein und derselbe Gegenstand an zwei Orten verfertigt wird, welche in der Erzeugung derselben **unverhältnißmäßige** Preisverschiedenheiten bieten, so liegt — caeteris paribus — der Geist der Erfindung in dem Wege der billigeren Fabrikation. Die Chemie kann uns über letzten Punct erläuternde Beispiele in genügender Anzahl geben. Es gibt daher Manche, die sich um irgend eine Fabrikation ein reelles Verdienst erworben haben, ohne gerade selbst Erfinder zu sein, so wie wieder eine nicht geringe Anzahl von Erfindungen keine Spur von nachhaltigen fördernden Folgen erzielen.

Merkwürdig aber ist es, beim Durchlesen älterer historischer Werke auf Abbildungen und Beschreibungen zu stoßen, die den Erfindungen der späteren Zeit, wollte man dieses Wort streng nehmen, geradezu die Priorität abstreifen.

In dem Werke von Virdung Sebastian, Priester zu Basel [1]: Musica getutscht und ausgezogen durch Seb. Virdung (ungefähr 1511) befinden sich Abbildungen von Clavicytherium, Virginale, Clavichordium und Clavicembalum vor, wovon Letzteres genau die Form unserer aufrechtstehenden Flügel hat. Die drei Ersten sind flache, tragbare Kasten, das Letztere ist an die Wand zu stellen. In der im Jahre 1536 erschienenen Uebersetzung dieses Werkes unter dem Titel: Musurgia seu Praxis Musicae (Argentorati apud Schottum) wiederholen sich dieselben Abbildungen.

---

[1] Geboren zu Amberg in der Oberpfalz.

Agricola Martin: Musica instrumentalis (in welcher begriffen ist, wie man nach dem Gesange auf mancherley Pfeiffen lernen soll ꝛc. Wittenberg bei Rhaw 1529) gibt einen Holzschnitt, auf welchem ein Clavierinstrument mit nicht horizontal- sondern perpendicular laufenden Saiten unter dem Namen: Clavicitherium gezeichnet ist [1]).

Praetorius Michael: Syntagmatis musici Tomus II. de Organographia (Wolfenbüttel 1619) gibt in sehr scharfer und genauer Abbildung unsern modernen Pianoforte's ähnliche Gestalten, so wie aufrechtstehende und Giraffinstrumente (perpendikuläre Pianoforte's in completer Länge), Letzteres unter dem Namen: Clavicytherium. Die Uebrigen sind Spinetten, Virginal, Octavine, Clavichordium, italienischer Mensur und gemeiner Mensur, Octav-Clavichordium. Das Clavicymbal sieht dem Harpsichord — das Nürnbergisch Geigenwerk [2]) dem modernen Pianoforte wie ein Ei dem andern ähnlich.

Auch ist im selben Werke die Beschreibung eines Clavicymbals, „welches siebenmal kan transponirt vnd fortgerücket werden" (p. 65) und in Wien 1589 verfertiget worden ist [3]).

Mersenne Marin sagt in seiner Harmonie universelle (Paris 1636) [4]): „Les meilleurs espinettes etaient fabri-
„quées par Anthoin Potin (qui faisait une excellente
„barrure (!) Emery ou Mederic, que l'on recognoist
„avoir esté les meilleurs Facteurs de France, auxquels les
„meilleurs Facteurs de maintenant: Jean Jacquart, le Bre-
„ton et Jean Dengs ont succedé."

Derselbe erwähnt p. 160: „Il semble, que ceux de
„l'autre siècle n'ont point eu de Clavecins, n'y d'Espinet-
„tes à deux ou plusieurs jeux etc. — car les Allemands

---

[1]) Auf dem 28. Blatte.
[2]) Erfunden von Hanns Hayden, Organisten der Sebalduskirche zu Nürnberg. Durch Rollenvorrichtung brachte der Ton der Taste den Ton einer Gambe hervor, später als Bogenclavier von Hohlfeld verbessert.
[3]) Vide p. 22. Rudolph II.
[4]) p. 159. III. Buch.

„sont si ingenieux qu'ils font iouer plus de 50 pièces dif-
„férentes par le moyen de plusieurs ressorts, qui font
„mesme dances les balets à plusieurs figures qui sautent
„et menuent à la cadence des chansons."

Nach diesen historischen Rückblicken, die ich noch durch viele Citationen vermehren könnte, wollen wir endlich an die Jetztzeit gelangen, von welcher wir, ohne noch der Betrachtung über die Londoner Weltausstellung vorzugreifen, folgende verdienstliche Namen um so eher anführen, als manche derselben leider nicht exponirt haben.

Obwohl schon Einige früher genannt worden, so sei es mir gegönnt, sie noch einmal mit den Andern zusammenzustellen.

In England zeichnen sich aus: Broadwood, Collard, Stodart, Wornum, Rolfe u. A. m.

In Frankreich: Erard, Pleyel, Pape, Wölfel, Roller, Kriegelstein-Boisselot [1]).

Im Zollverein: (In Sachsen) Haertel, Schambach, Irmler. (In Preußen) Stöcker, Kisting, Perau, Bessalié in Breslau, Gebauhr in Königsberg, Eck in Köln (existirt nicht mehr), Braun in Bonn ꝛc., Schiedmayer, Dörner und Lipp in Stuttgart, Ritmüller in Göttingen u. A. m.

In Oesterreich: Conr. Graf (vor Kurzem verstorben), und die durch goldene Medaillen gewürdigten Herren: Streicher, Bösendorfer, Rausch, Schweighofer, Seuffert, Hora — nebst ihnen Ant. Schwardling in Prag, Schmitt in Preßburg ꝛc.

In Rußland: Wirth, Tischner-Hofert, Krahl & Seibler in Warschau, Hasse in Dorpat ꝛc.

In Hamburg: Rachals, Schröder ꝛc.

In der Schweiz: Hüni & Hubert ꝛc.

Manche ehrenwerthe Namen, die in dieser Aufzählung fehlen, werden später am geeigneten Orte vorkommen — die ab-

---

[1]) Rechnen wir noch zu diesen 6 Namen Petzold, Dietz, Pfeiffer, so erhalten wir 9 bedeutende Namen von deutscher Geburt oder Abstammung.

sichtslose Weglassung Anderer mag man durch den Mangel an nöthigen Vorlagen entschuldigen.

Das Pianoforte erscheint in drei Hauptgestalten:
1.) Als großes Instrument in Flügelform,
2.) als tafelförmiges Clavier,
3.) als aufrechtstehendes Clavier.

Das große Pianoforte in bekannter Länge, ist das vollkommenste der Clavierinstrumente. Abarten davon sind: der Stutzflügel (in kürzerer Form) und das zweisaitige Pianoforte (in England Bichord genannt und dort sehr im Gebrauche).

Das Tafel=Fortepiano ist eigentlich am schwersten zu bauen. — Die Saiten werden nicht nach ihrer Richtung der Länge angeschlagen und zwar nicht an dem Orte, wo sie noch am günstigsten klingen könnten [1]) — eben so schwierig ist die Krümmung zu bestimmen, die der Steg bei schief gelegten Saiten zu beschreiben hat. Und doch meinen Viele, daß es das erste gewesen sei, an dem die Hammermechanik angebracht wurde, sowohl in England als in Deutschland. Im ersten Lande, so wie in Paris und in neuerer Zeit in Nordamerika, wird diese Gattung von Instrumenten zu einer größeren Vollkommenheit gebracht als in Deutschland, da in diesen Ländern die Oeconomie des Platzes, so wie die geringeren Anschaffungskosten von selbst die Aufmerksamkeit und den Eifer des Geschäftsmannes darauf lenken mußten [2]). In England gilt Collard als der Erste in den tafelförmigen Instrumenten, in Paris Erard und Pleyel — in Nordamerika haben den meisten Geschäftsbetrieb Chickering J. in Boston und C. Meyer in Philadelphia, woselbst zuweilen sogar öffentlich auf den Grand squares ge-

---

[1]) Durch die Anwendung der Hammermechanik von Oben kann man wohl diesem Uebelstande begegnen, da die Wahl des Anschlagplatzes eine freiere ist.

[2]) In neuerer Zeit drängt die Oeconomie des Raums zur kleineren Form, so daß die tafelförmigen Claviere in Frankreich, Belgien und Deutschland viel weniger gemacht werden. Londons große Häuser fabriziren 1500 im Jahre, die aber meist nach Indien gehen, sie sind zweisaitig.

spielt wird. In Oesterreich zeichnen sich aus Lorenz und Knam, die sehr große Bestellungen ununterbrochen auszuführen haben.

Im aufrechten Fortepiano kommen auch mehrere Varietäten vor. Diese Gattung wird bei uns betrieben von Seuffert, Bachmann, Wopaterny ꝛc. Die fremden bekannteren Benennungen sind: Im Englischen: an upright Cottage Pianoforte oder kürzer a Cottage — die kleinere Form: Piccolo. Im Französischen: Piano droit (buffet, cabinet) und die kleinere Form: Pianino. Der Pyramidenflügel, der Schrankförmige und die Form, die bei uns Giraff-Piano genannt wird, sind nicht mehr im Gebrauche, und werden nur noch in einzelnen seltenen Exemplaren hie und da gefunden.

In den ersten zwei Hauptgestalten des Pianoforte's liegen die Saiten horizontal, bei der dritten perpendiculär.

Die ersten Pianoforte's hatten einen Umfang von 5 Octaven, nämlich vom Contra F bis zum dreigestrichenen f. Lange später erhöhte man den Diskant bis zum eingestrichenen c, einige Zeit nachher bis zum f, so wie der Baß bis zum Contra C herabging. In der gestochenen Musik hatte man bis vor wenig Jahren diesen Umfang als den gebräuchlichsten genommen: vom Contra F bis zum viergestrichenen f. Die Stellen, die darüber hinausgingen, wurden in kleineren Noten über dieselbe im gewohnten Umfange sich bewegende und deshalb eingerichtete Passage gestellt. Jetzt erstreckt sich der Umfang von dem C unter der Contraoctave (auf der Orgel das 16füßige C genannt) bis zum 5 gestrichenen G oder A, beiläufig in 6½ Octaven.

In der Londoner Ausstellung befand sich ein Pianoforte von Mott mit 7½ und eines von Pape mit 8 Octaven von E bis F. Durch diese Erweiterungen entsteht jedenfalls der Vortheil, daß die entsprechende Vergrößerung des Resonanzbodens dem Tone mehr Stärke verleiht.

Man nimmt gewöhnlich 4 Haupttheile unseres Instrumentes an:

1.) Den Rahmen (Stimmstock, Anhaltleiste oder Platte, Steg ꝛc.) mit dem Resonanzboden.
2.) Die Besaitung.
3.) Die Claviatur und deren Mechanismus, und
4.) Den Corpus oder Kasten.

Da Letzterer mehr Arbeit des Tischlers ist, ja in manchen Städten eigene Corpusmacher sich etablirten, die den Claviermachern die schon geeigneten Kasten liefern, so nehmen wir ihn bei folgenden Betrachtungen aus [1]).

1.) Was den Rahmen betrifft, so ist dessen Fertigung von großer Wichtigkeit für die Dauer und Stimmhaltung des Pianoforte's. Derselbe dient als Stützpunkt für die beiden Enden der Saiten, deren Spanngewalt bei einem großen Instrumente auf 250 Centner berechnet ist, Grund genug, um ihn auf das solideste zu construiren. Holz allein widersteht nicht dieser großen Kraft, man mußte zu Eisen, als spreitzendes, unterstützendes Material, seine Zuflucht nehmen. Auf diese Idee verfiel man zuerst in England, wo Stobart im Jahre 1820 das erste Patent darauf nahm, wiewohl Erard und Broadwood die erste, unpatentirte Anwendung, jeder für seine Fabrik, in Anspruch nehmen. Die übrigen Verwendungen von Eisen, theils am Stimmstocke, theils an der Anheftungsleiste, die zur Platte sich ausdehnte ꝛc. sind zu vielfältig und mannigfach, als daß es thunlich wäre, sie hier anzuführen. Der Resonanzboden ist von größtem Einflusse auf die Stärke und Klangfarbe des Instrumentes, und von seiner Güte und richtigen Bauart hängt die Güte des Clavieres besonders ab, da er es ist, der den auf den Saiten angeschlagenen Ton verstärkend wiedertönt (resonirt). Sehr richtig nennt ihn daher Kützing die Seele des Instrumentes, der das Magazin der Töne enthält.

Er wird gewöhnlich von Tannenholz, das völlig getrocknet und glatt sein muß, gemacht, und der kleinste Riß oder Schaden desselben verändert oder verdirbt den Ton des Instrumentes. Das Weißtannenholz gilt als das beste Material zum Resonanzboden und zwar das auf magerem Boden gewachsene. Die hohen Berge der Schweiz und Tirol liefern ausgezeichnete Qualitäten.

Bei uns übt Böhmen eine Art Monopol in dieser Hinsicht

---

[1]) Es mag blos hier (nach Fétis) erwähnt werden, daß Erard im Jahre 1808 für Dussek's Concerte ein Pianoforte baute, welches zum ersten Male die zwischen zwei Holzwänden des Kastens eingezwängte Claviatur ganz frei legte, wie sie eben noch heute existirt.

aus, die Gewinnlust treibt daselbst den Preis zur unnatürlichen Höhe, neuere Concurrenz durch Errichtung ähnlicher Etablissements, die Hölzer von bester Gattung aus Krain und Dalmatien liefern, werden hoffentlich die Preise erschwinglicher machen.

2.) Die **Besaitung** holte lange ihr Material anfänglich aus Berlin, später aus England. Webster in Birmingham gewann zuletzt den Vorrang — in neuester Zeit jedoch übertrifft Alle **Miller** [1]) in Wien, dessen Geschäftserweiterung allgemein gewünscht wird. Für die Londoner Ausstellung hat Broadwood seine Claviere mit Wiener Saiten bespannt.

3.) Die **Claviatur** oder Tastatur muß in Beziehung auf Schwere, Lage, Gestalt und Form der einzelnen Tasten in dem genauesten Verhältnisse zu der übrigen Mechanik stehen, welche tonerregend auf die Saiten wirkt. Der hintere Theil der Taste soll nur ein klein wenig zu schwer oder zu leicht sein gegen den vorderen vor dem Wagebalken, und die richtige Spielart ist gestört. Man hat kurze und lange Tasten auf dem Fortepiano, jene für die abgeleiteten Töne fis, gis, ais ꝛc., und diese für Stamm- oder auch sogenannte natürliche Töne.

Die Figur der Tasten hat auch ihre eigene Geschichte. In den alten Orgeln, die nur mit wenig Tönen versehen waren, befanden sich daher nur wenig Tasten. Zarlino nennt 15 Tasten, an der großen Orgel von Winchester mit 400 Pfeifen waren nur 10 Tasten. Diejenigen, die **Praetorius** auf alten deutschen Orgeln gesehen hat, hatten noch folgende ⏚ oder, wenn sie ein wenig zierlicher sein sollten, folgende ⏚ Gestalt. Die Manualtasten der alten Domorgel zu Halberstadt, waren nur 9

---

[1]) Bei der am 31. Jänner 1850 vorgenommenen Probe der Spannkraft der Miller'schen Saiten im Vergleiche zu den von Webster verfertigten, ergab sich vor der dazu bestimmten Commission von 9 Mitgliedern ein äußerst günstiges Resultat. Die englische Saite Nr. 21 sprang bei 172 Pfund Spannkraft, während die entsprechende Wiener Saite sub Nr. $7/0$ $1/2$ mit 254 Pfund erst riß, also um 82 Pfund mehr Gewalt hatte. Bei den übrigen Nummern überstieg die Wiener Kraft bei einzelnen Versuchen die englische von 12 — 64 Pfund.

an der Zahl bei einer Breite der Claviatur von ein und einer halben Elle. Auf der Domorgel in Magdeburg war ein Clavier von 16 Tasten, alle viereckig und jede 3 Zoll breit, so daß diese 16 Tasten einen größeren Raum einnahmen, als unsere Claviere. Don Bedos de Celles redet sogar von Tasten in alten Orgeln, die 5 bis 6 Zoll breit waren.

Die Art, auf einer solchen Tastatur zu spielen, war der Beschaffenheit derselben angemessen. Ein einzelner Finger konnte dabei nichts ausrichten, sie mußten mit der ganzen Hand oder Faust niedergedrückt oder geschlagen werden.

Von dieser Form bis auf unsere deutsche oder etwas breitere französisch-englische Tastatur, mögen viele Varietäten stattgefunden haben. Die halbrunde Lage der Tastatur hat Stauffer, die Stellung zur Gewinnung von Raum Schönemann in Berlin, und das kleinste Maaß Kirkman in London angebracht.

Was den Mechanismus betrifft, so haben ursprünglich Silbermann und Stein große Verdienste um selben; viele Verbesserungen folgten nach, ohne das Princip zu ändern. In neuer Zeit hat Seb. Erard durch Erfindung des double echappement — der doppelten Auslösung — den englisch-französischen Instrumenten größere Leichtigkeit im Anschlage und zur Wiederholungsfigur verschafft, welcher Mechanismus in anderen Modalitäten von Broadwood, Southwell, Streicher, Stöcker, Montal, Kriegelstein ꝛc. mit Glück versucht wurde.

Die Belederung der Hämmer, die von Einigen André Stein in Augsburg zugeschrieben wird, hat auch manche Aenderungen durchgemacht. Im Anfange zu einfach gehalten, verfiel man später auf das Gegentheil, bis zuletzt Pape durch die Erfindung des Filzes eine Umwälzung in diesem Fache verursachte. Auch in Wien wurde derselbe nachgeahmt, doch ist man mit vollstem Bewußtsein einer besseren Wahl wieder auf das frühere Verfahren — der Belederung nämlich mit Hirschfellen, zurückgekehrt. Nicht allein wird dadurch der Dauer großer Vorschub geleistet, sondern auch der Tonqualität des Discantes. Hier ist eine der Klippen, wo der Fabrikant aufhören und dem musikalischen, geschickten Ohre Platz machen muß. Eine vollkommene Ausgleichung zu bewerkstelligen, ist eben eine der schwierigsten Aufgaben, und dazu sind Deutsche, namentlich Wiener, vorzugsweise befähiget.

Mag die englische oder französische Fabrikation durch ihre Zweckmäßigkeit, durch deren großartige Anstalten, ja durch Sinnreichthum in der Vertheilung der Arbeit [1]), der Mannigfaltigkeit der Maschinen, und hauptsächlich durch die Größe des Anlage-Capitals unsere Unternehmungen vielfach überragen, so ist eben der Moment, wo die Fabrikation dem Kunstgewerbe nachsteht, derjenige unserer Superiorität.

———

Die Masse ohne Zahl der verschiedenen Neuerungen und Erfindungen, die nicht immer Verbesserungen zu nennen und meist mit griechischen Namen in den Wörterbüchern herumstolziren, sind zum Theil der verdienten Vergessenheit anheimgefallen, theils gehören sie vielmehr in ein Lehrbuch der Fortepianobaukunst oder in ein Journal für selbe — was über die Gränzen meines Zweckes und Könnens geht.

Ich habe in London und Paris mehrere Clavierfabriken (in letzterer Stadt auch im Jahre 1845) mit Aufmerksamkeit besehen, und kann mich nicht enthalten, die Beschreibung der großartigsten Fabrik der Welt, des Herrn Broadwood in London, die Herr Streicher in der Zeitschrift des niederösterreichischen Gewerbvereines mit großer Klarheit und Sachkenntniß mitgetheilt (Nro. 31, vom 2. August 1851) hier beizufügen, welcher ich einige statistische Notizen, die ich in London gesammelt, folgen lasse. Das daraus entstehende Gesammtbild wird Manches in den späteren Abschnitten erläutern helfen.

Die Broadwood'sche Pianofortefabrik in London, mitgetheilt nach Notizen in der Monatsversammlung am 2. Juni 1851, von J. B. Streicher.

Die verehrte Versammlung möge mir erlauben, ihr einen Auszug aus Notizen mitzutheilen, welche ich bei dem wieder-

———

[1]) Wir werden dieselbe später ausführlich beleuchten, hier sei nur die Notiz am Platze, daß zu dem wichtigen Geschäfte des Belederns bei der consequenten Theilung der Arbeit, in England gewöhnlich Schuhmacher- oder Sattler-Gesellen verwendet werden.

holten Besuche, der mir schon aus früheren Jahren bekannten Broadwood'schen Pianofortefabrik in London, theils nach eigener Anschauung aufzeichnete, theils den freundlichen Auskünften des Herrn Broadwood selbst zu danken habe.

Ich werde nicht mit einer weitläufigen Beschreibung dieses großartigen Etablissements und der darin verfertigten Arbeiten belästigen, sondern mich darauf beschränken, solche Angaben zu machen, welche es auch dem Laien ermöglichen, sich einen gewiß nicht ganz uninteressanten Begriff von der Einrichtung und Ausdehnung eines Fabrikszweiges bilden zu können, welcher in England, wie Alles, deren sich die dortige Industrie einmal bemächtiget, in einem riesenhaften Maßstabe betrieben wird.

Die Größe dieses Maßstabes aber zu veranschaulichen, bleibt kein anderes Mittel, als einen kleineren entgegen zu halten, und kann nicht umgangen werden, die Leistungsfähigkeit der Broadwood'schen Fabrik in quantitativer Beziehung (denn nur in solcher spreche ich) mit den Leistungen sämmtlicher Wiener Pianoforte-Fabriken in Vergleich bringen zu müssen, wobei zur Vermeidung aller Mißverständnisse ausdrücklich bemerkt wird, daß ich überhaupt der ausländischen Pianoforte-Fabrikation, rücksichtlich der Güte ihrer Erzeugnisse, durchaus keinen Vorrang einräumen kann.

Unser patriotisches Gefühl aber wird sich schon durch den, den Engländern in quantitativer Beziehung nicht zu bestreitenden Vorrang einigermaßen verletzt fühlen, und ich muß gestehen, daß ich aus diesem Grunde, selbst bei Gelegenheit meines Vortrages, über die Schwierigkeiten der Ausstellung von Clavier-Instrumenten in London, vermieden habe, von der Größe der dortigen Etablissements Erwähnung zu thun.

Wenn ich erwäge, daß wir nach der Londoner Ausstellung Claviere gesandt und Berichterstatter ernannt haben, welche ihren Beruf gewiß nicht darauf beschränken werden, vergleichende Berichte nur über Fabrikate abzustatten, sondern, wenn möglich, solche auch über die Fabriken selbst zu liefern: so muß jedes Bedenken schwinden, und ich müßte Gefahr laufen, es einem Mangel an Kenntniß der Sachverhältnisse meines Faches zugeschrieben zu sehen, wenn die geehrte Versammlung durch Jemand Andern früher erfahren sollte, was ich ihr jetzt mitzutheilen mir erlauben will.

Die Pianoforte=Fabrik der Herren Broadwood and Sons ist die älteste bestehende in England und unstreitig die größte der Welt. Die Fabrik selbst wurde durch Herrn Tschudy im Jahre 1732 zu London gegründet. John Broadwood kam als Arbeiter zu Herrn Tschudy und heirathete dessen Tochter. Im Jahre 1808 änderte sich die Firma in Joh. Broadwood and Sons. — Gegenwärtig wird die Fabrikation der Pianoforte's in zwei Fabriken betrieben, deren kleinere sich 33 in great Pultney Street, golden Square, und die andere bei Westminster, in der Horse-Ferry-Straße befindet; letztere Fabrik ist die bei weitem bedeutendere und nimmt einen Flächenraum von mehr als einer halben Meile im Umfange ein; sie besteht aus vier parallel laufenden Reihen von Gebäuden, welche drei große Höfe bilden und begränzen. Die Gebäude, durchgehends Doppeltracte, sind 300 Fuß lang, und enthalten durch drei Stockwerke eine doppelte Reihe von Werkstätten, deren Fenster nach den Höfen führen. In diesen vier Reihen von Gebäuden sind 3 — 400 Menschen beschäftigt, alle jene Arbeiten auszuführen, welche nöthig sind, um vom ersten Sägeschnitt des rohen Baumstammes, bis zu den feinsten Arbeiten, das vollendetste Pianoforte herzustellen.

An den Enden der Höfe befinden sich 4 bis 5 Wohnhäuser für die Ober=Aufseher und Factoren. Merkwürdig sind die Massen der hier aufgeführten Werk= und anderer Hölzer, welche allmälig zur größten Austrocknung gebracht werden, und theils in offenen Schupfen, theils unter Wetterdächern, vor übler Witterung geschützt sind.

Jeder Stamm und Pfosten trägt das Datum seiner Einlagerung, um zu wissen, wie lange er der Trocknung unterzogen worden ist.

Eigene Säge=Gruben und circa 12 Holzsägen dienen zum Zertheilen der ganzen Stämme und Blöcke in Pfosten und Bretern. Einige der Gebäude sind mit blechbedeckten Dächern versehen, um auch diese luftigen Höhen zum Aufschichten der Hölzer behufs Trocknung zu benützen.

Sämmtliche Holzvorräthe sind stets für zwei Jahre im Voraus vorhanden, und auf 5000 Claviere berechnet.

An der Nordseite der Fabrik befindet sich ein eigenes Dampfmaschinenhaus. Dasselbe liefert unter andern die Wasserdämpfe für eine durch selbe geheizte Trockenkammer, in welcher das bereits lufttrockene Holz vor dem Verbrauche, noch durch längere Zeit einer Temperatur von 30 Graden Hitze ausgesetzt wird.

Eben so speiset diese Dampfmaschine einen großen Kasten, in welchem die Hohlwände der Instrumente durch Wasserdämpfe erweicht und gebogen zu werden pflegen.

Neben dem Ost-Tracte sind die großen Fournier-Räume mit den werthvollsten Fournieren angefüllt.

Wie sehr auch in diesem Artikel, wie in allen andern, Liebhaberei die Preise, wegen selten vorkommenden Eigenschaften, steigert, mag man daraus ersehen, daß ich daselbst Fourniere von 15 Fuß Länge und 38 Zoll Breite vorfand, welche von einem einzigen Baum, Hondouras Mahagony stammten, den die Herren Broadwood und Söhne in drei Blöcken um 2000 £. Sterling (20,000 fl. C. M.) gekauft hatten und wovon sich der Kubikfuß auf 5 Guineen stellte.

Die Werkstätten und die darin verfertigten Arbeiten einzeln anzuführen, würde ermüden. Es genügt zu wissen, daß deren eine Unzahl und darunter viele mit 120 Fuß Länge sind, in denen Corpus, Resonanzböden, Claviaturen, Pulte, Leiern, Füße, Metall-Gegenstände, kurz alle zu einem Claviere vom Anfang bis zur Vollendung nöthigen Arbeiten gemacht werden.

Die Zahl der in diesen Werkstätten, außer den vielen Tischen, vorhandenen Hobelbänke, beläuft sich auf 300.

In jedem Stockwerke befindet sich ein Stimmer, welcher für Alles verantwortlich ist; die Fabrik benöthigt 36 — 40 Stimmer. Der Stimmerlohn beträgt in der Fabrik 4 Shilling oder 2 fl. C. M. für ein Tafelpiano, und 5 Shilling oder 2½ fl. C. M. für einen Flügel — außer der Fabrik natürlich mehr.

Wegen Feuersgefahr wird nicht mit Gas beleuchtet, und aus demselben Grunde die Fabrik mit Wasserdämpfen geheizt. Wenn die Leute die Werkstätte verlassen, sind sie verpflichtet, alle Vorsichten gegen Feuersgefahr zu gebrauchen. Nach einer halben Stunde macht der Werkführer die Runde, und zwischen 10 und 12 Uhr Nachts gehen die Haupt=Werkführer durch alle Lokalitäten, wofür sie besonders bezahlt werden. In den verschiedenen Abtheilungen der Fabrik sind eiserne Thüren zum Schieben, um bei Feuersgefahr absperren zu können.

In jedem Hofe der Fabrik sind vier Krahnen, welche mit den in London allenthalben befindlichen Haupt=Wasserleitungs=Röhren in Verbindung stehen. An diese Krahnen können augenblicklich Schläuche angeschraubt werden, vermittelst welcher man bis über die Dachungen zu spritzen vermag.

Der Arbeitsstunden sind 12 per Tag. Jeder Arbeiter hat sein Buch, welches Freitags abgeschlossen wird. Gewöhnlich werden die Arbeiten von 12 Arbeitern in ein Verrechnungsbuch gebracht, welche Verrechnungsbücher dann wieder in jedem Fabriksgebäude zusammengezogen und an das Comptoir angewiesen werden.

Die Cassa sendet hierauf die Beträge nach den Fabriken, wo dann die Auszahlung gegen Bestätigung der Arbeiter erfolgt.

Die Arbeiter bilden einen eigenen Penny=Club, wo sie wöchentlich einen Penny geben, so lange einer von ihnen krank ist.

Besonders bemerkenswerth ist noch das Magazin des ersten Foreman oder Factor. Es bildet ein wahres Arsenal von Werkzeugen, Schlosser=Arbeiten, fertigen Bestandtheilen und Materialien aller Art.

Außer dieser großen Fabrik haben die Herren Broadwood, wie schon erwähnt, eine zweite kleinere in great Pultney street, von noch immer sehr respektabler Größe.

Dorthin werden aus der größeren Fabrik die fertigen Arbeiten abgeliefert; dort befinden sich die Comptoirs in 4 Zimmern mit 13 Comptoiristen; die Verkaufs= und andern Lokalitäten für fertige und Mieth=Pianoforte's, Reparatur=Werkstätten ꝛc.

Die Zahl der Arbeiter, inbegriffen des Comptoir=Personals, beläuft sich in beiden Fabriken zusammen auf 500 Personen. Der an dieselben bezahlte wöchentliche Arbeitslohn beträgt circa 1000 £. Sterling, oder 10,000 fl. Silbermünze, exclusive Comptoir, welches vierteljährig bezahlt wird.

Der in England allerdings oft vorkommende Name Smith findet sich ungefähr 150 Mal in dem Hauptbuche der Herren

Broadwood. Die Zahl der laufenden Rechnungen steigt auf durchschnittlich 4000. Welche Bedeutung das Pianoforte-Mieth-Geschäft allein habe, mag daraus entnommen werden, daß die Zahl der vermietheten Piano's gewöhnlich 600 beträgt, welche Zahl aber im Jahre 1844 auf 900 stieg und die Herren Broadwood nöthigte, ein neues Lokale zur Aufnahme von 300 auf 400 Piano's zu bauen.

Die Pianoforte-Miethe wechselt von 12 bis 52½ Shilling oder 6 fl. bis 26 fl. C. M. per Monat. Der Transport der vielen neuen und Mieth-Instrumente kann sich natürlicher Weise bei solchem Umfange nicht mit so bescheidenen Mitteln begnügen, wie wir sie hier gewohnt sind und hinreichend finden.

Bei den Herren Broadwood stehen denselben 8 Pferde, dann 8 elegant geschlossene Transportwagen, so wie noch 2, nur für den Transport verpackter Pianoforte's nach den Werften bestimmte Wagen, welche sämmtlich auf Federn ruhen, zu Gebote.

An neuen Clavieren befindet sich beständig ein Vorrath von 600 — 800 Stücken in der Fabrik.

Da ein solch riesiges Geschäft natürlich nicht Alle, oder im Verhältnisse selbst nur wenige Claviere directe und gegen baar verkaufen kann, so muß es viel in Commission und auf Credit geben, wobei nicht selten unvorherzusehende und große Verluste eintreten, und man will wissen, daß die Herren Broadwood und Söhne in dieser Beziehung jährlich 10,000 ₤. Sterling auf ihren Verlustconto zu bringen haben.

In wenigen Hauptrubriken zusammengefaßt, stellen sich die jährlichen Ausgaben bei den Herren Broadwood in runden Summen also:

	₤. Sterling		fl. C. M.
Für Hölzer aller Gattung. . . .	11,000	oder	110,000
„ Materialien	18,000	„	180,000
„ Arbeitslohn	52,000	„	520,000
„ diverse Ausgaben	19,000	„	190,000
In Summa	100,000	„	eine Million.

Bis zum Jahre 1844 hat die Broadwood'sche Fabrik 90,000 Claviere in die Welt geschickt. Die Zahl der um diese Zeit jährlich von der Fabrik gelieferten Instrumente betrug circa 2300 Stück, und um diese Zahl würdigen zu können, (nicht um die Bedeutung unserer inländischen Pianoforte=Fabrikation dadurch zu beeinträchtigen), möge die Mittheilung hier am Platze sein, daß unsere, im Jahre 1845 in Wien befindlich gewesenen 108 Instrumentenmacher zusammen nach verläßlichen Angaben, ungefähr jährlich 2600 Pianoforte's verfertigten. Da man aber gewiß annehmen darf, daß es einer Fabrik wie der Broadwood'schen ein Leichtes sein müßte, nöthigenfalls die von ihr fabricirten Pianoforte's von 2300 auf 2600 zu erhöhen, so darf man wohl sagen: die Broadwood'sche Fabrik allein kann so viel liefern, als sämmtliche 108 Pianofortemacher in Wien.

Wie es aber möglich sei, einen Industriezweig, welcher bei uns als Kunstgewerbe rein von der mehr oder minderen Geschicklichkeit dessen Besitzers abhängt und den Heroen zu seinem ersten Arbeiter macht; wie es möglich sei, einen derlei Industriezweig unter einem Chef in so unglaublicher Ausdehnung bei ausgezeichneten Leistungen zu betreiben, dafür läßt sich nur in dem, den Engländern eigenthümlichen Speculationsgeiste, in richtiger kaufmännischer Führung, größter Theilung der Arbeit, Leichtigkeit des Absatzes, und der Ausfuhr nach allen Welttheilen und so manchen andern eigenthümlichen Umständen die Erklärung finden.

Die Genauigkeit des Berichtes des Herrn J. B. Streicher kann ich nur als sehr richtig bezeichnen, da meine Notizen, die ich nach zweimaligem Besuche in diesem colossalen Etablissement gemacht, mit demselben übereinstimmen. Möge es mir vergönnt sein, noch Einiges hinzuzufügen, was mir interessant scheint.

Das Haus Broadwood stammt von väterlicher Seite von John Br., einem Schotten, dessen Sohn John im 80. Jahre im Monat August 1851 starb, von mütterlicher Seite hingegen von den Tschudy's, einer Schweizer=Familie, über welche das allgem. helvetisch = eidgenössische oder schweizerische Lexikon (v. Hans Jacob Leu, Bürgermeister von Zürch und H. J. Holzhalb)[1] im 6. und letzten Theil des Supplement=

---

[1] In Zug bei Blunsche 1795 herausgekommen.

bandes Folgendes berichtet: „Aus dem Schwandner Ge=
„schlechte (der Tschudy's) war auch Burkhard, der als ein
„mittelloser Schreinergesell nach Engelland gekommen, wo er als
„ein berühmter Claviermacher sich am Hofe zu London bekannt
„gemacht und nebst andren schönen Sachen auch 1765 für den
„König von Preussen einen künstlichen Flügel mit 2 Manualen
„verfertiget hat; er hat sich zu London verheurathet, ist 1775
„daselbst gestorben und hat seiner Familie grossen Reichthum hin=
„terlassen."

Dasselbe hier angeführte Harpsichord sah und spielte ich im neuen Palais in Potsdam im Jahre 1840.

Broadwood's Fabrik besteht schon an 120 Jahre, Stodart,[1]) Kirkman und Rolfe zählen auch schon beinahe 90 Jahre, Collard an 70 Jahre, Wilkinson, Wornum u. A. m. an 50.

Auch in Deutschland sind in manchen Familien die Fabrikationstalente heimisch z. B. Stein, Streicher, Seuffert.

Stein Joh. And., geb. 1728; seine Kinder Andreas und Nannette verehlichte Streicher, übersiedelten nach Wien. Zwei Enkel des berühmten Verbesserers der Claviere repräsentiren ihn in Wien: Carl Stein (Wieden, im Mondschein) und J. B. Streicher (Landstraße, Ungergasse.)

Seuffert (Joh. Phil.), fürstl. Würzburgischer Orgelbauer, geb. 1673; sein zweiter Sohn Franz Ignaz und Enkel Joh. Philipp bekleideten dasselbe Amt am Würzburger Hofe. Der jüngste Sohn von Franz Ignaz, Franz Martin, — ein Enkel des Stammvaters — ging nach Wien, lernte bei dem berühmten Walther und etablirte sich mit Bleyer und Wachtl[2]), später mit Seidel. Sein Sohn Eduard Seuffert übernahm das Geschäft allein und hat ein vortreffliches aufrechtes Piano zur Ausstellung geschickt.

In Frankreich ist es Seb. Erard, geb. 1752 zu Straßburg (also auch wie Tschudy in London deutscher Abstammung),

---

[1]) Stodart, der Gehülfe Broadwoods in der Tschudy'schen Fabrik (siehe Seite 12) war der Großvater des jetzt lebenden Fabriksherrn.
[2]) Die meisten Namen kommen schon früher bei der geschichtlichen Entwicklung vor.

der die hochberühmte Fabrik zu Paris gründete[1], im Jahre 1794 eine ähnliche in London einrichtete, und im Jahre 1824 in Paris das Instrument mit seiner neuen Mechanik versehen öffentlich producirte (Liszt spielte dasselbe).

Pleyel Ignaz, der zu seiner Zeit außerordentlich berühmte und gefeierte Instrumentalcomponist (geb. in Rüppersthal in der Nähe Wien's 1757), errichtete im Jahre 1796 eine Musikhandlung, einige Zeit darauf um 1805 eine Pianoforte-Fabrik; dessen Sohn Camille übernahm dieselbe noch bei Lebzeiten des Vaters, nachdem er sich 1824 mit Kalkbrenner associrt hatte. Im Jahre 1834 beschäftigte er 250 Arbeiter, mit welchen er 1000 Piano's im Jahre verfertigte.

Der Name Blanchet ist in der französ. Clavierindustrie seit lange bekannt. François Etienne lebte und arbeitete 1750 in Paris. Sein Enkel Armand (geb. 1763 in Paris) übernahm seine Funktionen, starb 1818 und hinterließ seinem Sohne sein Geschäft. Wahrscheinlich stammt der Associé von Roller aus dieser Familie.

Das Beharren mehrerer Generationen in einem Industriezweige kommt bei den Deutschen, zumal bei uns, seltener vor, als in England. Daselbst ist die Theilung der Arbeit mit großer Consequenz durchgeführt. In der Broadwood'schen Fabrik arbeitet ein und derselbe Mann sein ganzes Leben hindurch ein und dasselbe Stück, für deren Anzahl er seine Bezahlung bekömmt, nachdem eigens ernannte Aufseher dieselben geprüft.[2] Der Fabriksherr erhöht noch den Eifer, indem er sogar Preise aussetzt für die Arbeiter der Mechanik des Claviers, welche zweckmäßigere Werkzeuge erfinden zur Erleichterung und Vervollkommnung der Arbeit.[3] Durch dieses Verfahren wird allerdings

---

[1] um 1776.
[2] Die Monotonie der Arbeit erzeugt zuweilen eine gewisse Nachlässigkeit als Folge des ewigen Einerlei.
[3] Eine von uns sehr zu beachtende Eigenthümlichkeit besteht in England und Frankreich, daß die dortigen Arbeiter ihr Werkzeug sich selbst anschaffen müssen, wobei höchstens Pape und Pleyel die Erleichterung gewähren, den Aermeren dieselben auf allmälige Abzahlung zu liefern. Manche der komplicirteren Werkzeuge kommen in England auf 20 L. Sterling; ja ein solches, wenn es sich durch Zweckmäßigkeit auszeichnet,

eine mechanische Vollkommenheit der Bestandtheile dieser Fabrikation erzielt, strebt aber der Arbeiter von Talent, sich selbstständig zu machen, so fehlt ihm meistens die allgemeine Kenntniß aller Bestandtheile. Lächelt endlich Einem unter Hunderten das Glück, sich selbst zum Fabriksherrn zu machen, so steht er solchen colossalen Häusern weit an Güte und Concurrenzfähigkeit nach und ist nie im Stande, sich zu einer rivalisirenden Höhe hinauf zu schwingen, da schon der Versuch dazu gefahrbringend ist.

Eine auf diese Weise gesicherte und noch dazu berühmte Firma bietet die sicherste Grundlage zu steter Vergrößerung und Erweiterung des Geschäftsbetriebes, der, wie schon bei der früheren Beschreibung geahnt werden kann, das Capital und den Gewinn auf eine zu lockende Art steigert, als daß nicht das Familienoberhaupt bedacht sein sollte, das immense Geschäft dem nächsten Verwandten zu übergeben.

Das Capital bringt ferner in England dem Rentier nicht diese Zinsen ein, wie auf dem Continent, daher eine schon etablirte Fabrik, die sich einen wohlbegründeten Ruf erworben, mehr Einkommen als dieses verschafft, wozu noch die erhöhte Achtung, die in dem durch und durch industriellen England dem mächtigen Fabriksherrn nebst mannigfachem Einfluß gewährt wird, das Ihrige beiträgt, ihn zur steten Fortsetzung, ja Geschäftserweiterung anzutreiben. An tüchtigen Arbeitern fehlt es ebenfalls nicht, und durch steten Zuwachs vom Continente, namentlich vom musikkundigen Deutschland, werden die daselbst gemachten Fortschritte leicht nach England verpflanzt, ja eine Masse Erfindungen, die auf dem Continente gemacht aber nicht realisirt wurden, erst dort vom dürren theoretischen Boden auf das practische Erträgniß gebracht.

---

verschafft dem Besitzer und Benützer einen größeren Arbeitslohn. — Daraus entnehme ich viele Vortheile: Der Arbeiter hat einmal ein positives Besitzthum, welches immer den Anfang einer reelleren Lebensansicht gründet — er sucht sich für sein eigenes Geld bestimmt die passendsten und dauerhaftesten Werkzeuge, welche dem Fabrikherrn schon eine Art von Sicherheit und Pfand bieten für etwaige Unzukömmlichkeiten — und zuletzt ermäßigen sich dadurch die Anlagekosten der Fabrik, ja durch den verhüteten Verlust der bei uns kostspieligen Abnützung der Werkzeuge, stellt sich das einzelne Piano um ein Erkleckliches billiger.

Die erste Notiz von einem Pianoforte kommt in Broadwood's Handlungsbüchern im Jahre 1771 vor, von einem großen Pianoforte im Jahre 1781. Das Hauptbuch des früheren Jahres, welches verloren ging, enthielt auch schon eine gleiche Bestellung.

Manches Jahr stand das Harpsichord (Flügel) in größerem Werthe als das Pianoforte, da Ersteres am höchsten Punkte seiner Vollendung, das Andere hingegen im Beginn seiner Entwicklung sich befand.

Die Totalsumme der Piano's aller Gattungen, welche in dem oft erwähnten Hause von 1771 bis 1851, also binnen 80 Jahren, verfertigt worden, beläuft sich auf 103,750. Von dieser Zahl kommen 60,382 auf die Jahre von 1824 bis 1850, im Durchschnitt $2236^{10}/_{27}$ jährlich, 43 wöchentlich.

Die Arbeiterzahl vergrößerte sich in Broadwood's Fabrik im Jahre 1851 um 73 gegen frühere Jahre und beträgt also 573; manche Arbeiten werden noch außer dem Hause verfertigt, die wieder eine respektable Zahl von Personen ernähren.

Die Assekuranzcompagnien haben es Herrn Broadwood verweigert, die **ganze** Werthsumme der Fabrik und der darin aufgehäuften Vorräthe zu versichern; sie übernahmen nur die **Hälfte** davon, die im Jahre 1851 auf 450,000 Pfund Sterling d. i. 4 Millionen und 500,000 fl. C. M. sich beläuft.

Hier mögen noch einige statistische Bemerkungen über London's Gesammtfabrikation von Pianoforte's am Platze sein.

Im Jahre 1850 werden an 200 Pianoforteverfertiger in London vom Vorstande angeführt. Einige von ihnen übernehmen bloß Arbeiten einzelner Zweige dieses Geschäftes, Andere sind eigentlich Musikhändler, die auf die Instrumente, die sie verkaufen, ihre Firma setzen. Der obigen Zahl von 200 sind noch gegen 50 Namen anzuschließen, welche einzelne Theile des Clavieres selbstständig verfertigen, als Claviatur-Tischler, Hammer- und Dämpfer-Tuchverfertiger, Hammerstielarbeiter (hammer-rail makers), Griffbretschnitzer (Fret cutters), Clavierstifte und Stimm-Nägelverfertiger, Claviersaitenerzeuger und Clavierstimmer. [1]

---

[1] Nach dem Wiener Handels und Gewerbadressenbuch 1849 sind 73 selbst-

Man schätzt die Zahl der Claviere, die in einer Woche in London fabricirt werden, auf 450, oder 23,000 im Jahre. Einige der ersten Häuser erzeugen davon 1500, wie Collard, bis gegen 2500 wie Broadwood jährlich, d. i. den zehnten Theil des Ganzen. (Peachy liefert 10—15 aufrechte Flügel wöchentlich, Towns & Packer 6—8 ꝛc. ꝛc.) Von den 23,000 Clavierinstrumenten kommen 5 bis 10 Procent auf die großen Pianoforte's, eben so viel auf die tafelförmigen und der bei weitem größte Theil auf die aufrechtstehenden.

Die Preise der Claviere, aus den besten Fabriken, vom einfachen Mahagony-Holze sind:

für große Pianoforte's:	125–135	Guin.[1]	ob. 1312–1417	fl.C.M.
„ zweichörige oder Stutzflügel :	80–105	„	„ 840–1103	„
für große tafelförmige:	50–100	„	„ 525–1050	„
„ einfache detto :	35– 50	„	„ 368– 525	„
„ aufrechte(Cabinets- pianoforte's) :	75– 85	„	„ 788– 893	„
für aufrechte Piccolo's:	45– 70	„	„ 473– 735	„

Diese Preise werden oft überschritten: für auserlesenere Hölzer der Kasten, für Schnitzwerk oder eingelegte Arbeit.

Die Londoner Ausstellung lieferte einige Prachtexemplare: Collard eines zu 500 Guineen, Erard zu 1000 und Broadwood eines zu vielleicht noch höherem Preise.[2] Doch ist diese außerordentliche Preishöhe nur der Verzierung, die sehr kostbar ist, zuzuschreiben; das Innere des Instrumentes bei den großen Pianoforte's im gewöhnlichen Preise ist nicht von geringerem Werthe, als bei diesen übertheueren.

Andererseits ist das Haus Collard darauf bedacht, das Aeußere der Instrumente auf die größte Einfachheit zurückzufüh-

---

ständige Nebenfabrikationen in Wien etablirt; die im Verhältnisse zu kleine Zahl London's wird dadurch erklärt, daß viele große Fabriken manche dieser auswärts gearbeiteten Bestandtheile selbst erzeugen. Unsere Beinarbeiten-, Capseln-, Füße-, Rollen-, Schilder-Macher finden sich nicht in den englischen Listen angeführt.

[1] Eine Guinee gilt 10 fl. 30 kr., da sie 21 Shillinge enthält.
[2] Seuffert aus Wien hat daselbst ein Pianino ausgestellt, welches 5000 fl. C. M. kostet.

ren, in der lobenswerthen Absicht, den Preis der Claviere so nieder als möglich zu stellen und vortreffliche Pianoforte's auch den Käufern von beschränkten Mitteln zugänglich zu machen. Es ist daher stets eine hinlängliche Anzahl von kleineren aufrechtstehenden Clavieren (Pianino's, Piccolo's) vorräthig, deren Kasten von einfachem, nett aussehenden Tannenholze gearbeitet sind und beiläufig 30 Guineen (315 fl. C. M.) kosten. Sie sehen in der Wirklichkeit viel besser aus, als man nach der Beschreibung vermuthete — ein Muster davon befindet sich ebenfalls auf der Ausstellung, und zwar ist selbes im Cataloge verzeichnet: Pianoforte for the people. Niedrige derselben Gattung von minder berühmten Firmen stellen sich noch billiger, doch leider auf Kosten der Güte.

Wenn wir die Gesammtzahl der Instrumente, die jährlich in London verfertigt werden, mit ihrem Durchschnittpreise multipliciren, so erhalten wir eine annähernde Schätzung der dafür eingehenden Summe. Bei der Berechnung des Durchschnittspreises ist nicht außer Acht zu lassen, daß die früher notirten Preise durch das elegante Aeußere überschritten, hingegen bei aufrechten Piano's, besonders der kleineren Fabriken, um etwas vermindert werden.

Schätzung der jährlich in London fabricirten Claviere.

1500 große, 2chörige und Stutzflü-
 gel durchschnittlich   à 110 £. St. = 165,000
1500 tafelförmige durchschnittlich à 60   „   = 90,000
20000 aufrechte in allen Gestalten[1])
 durchschnittlich   à 35   „   = 700,000
                                    Summe 955,000

oder gegen eine Million £. Sterling = 10 Millionen fl. C. M.

Die Zahl der Arbeiter in den Londoner Clavierfabriken ist auf 3 bis 4000 geschätzt. Vergleichen wir diese Zahl mit der Zahl der jährlich verfertigten Instrumente, so kommen 7 oder 8 Claviere im Jahre auf die Quantität der Arbeit, die man als die

---

[1]) Unter diesen bilden wieder die Gattung Cottage — wie ein Pianino die hervorragendste Mehrzahl.

eines Einzelnen bemessen könnte. In größeren Etablissements, in welchen kostspieligere und daher länger dauernde Bestellungen ausgeführt werden, kann man 4 oder 5 Claviere auf die jährliche Arbeit eines Einzelnen rechnen.

Die Menge von Metall-Bestandtheilen, welche man jetzt im Clavierbau und andern musikalischen Instrumenten verwendet, beschäftigt wieder eine abgesonderte Classe von Arbeitern, welche den Claviermachern ihren Bedarf an Eisen und Kupferbestandtheilen in die Fabrik liefern.

Man berechnet die Ausdehnung der Pianofortefabrikation in Frankreich auf den dritten Theil der von England. Im Jahre 1849 war die Schätzung der Gesammtfabrikation eines Jahres auf 8 Millionen Francs [1]) oder 320,000 Pfund Sterling oder 3 Millionen und 200,000 fl. C. M.

Im Wege des Transits passiren viele Claviere durch Frankreich, die aus England, den Hansestädten und dem Zollverein kommen. Des hohen Eingangszolles wegen bleiben nicht viele davon im Lande; derselbe beträgt nämlich

für eine fremde Harfe . . . 86 Francs
„ Claviere in allen Formen . 300 „
„ Kirchenorgeln . . . . 400 „

für andere Musikinstrumente von 63 Cent. bis 18 Francs hinauf.

Die Ausfuhr geht hauptsächlich nach Belgien, Nordamerika, der Schweiz, Sardinien, Spanien, England und Brasilien.

Im Jahre 1849 erschien folgender Ausweis hierüber:

Einfuhr nach Belgien	183,471
Nordamerika . . .	122,132
der Schweiz . . .	84,560
Sardinien . . .	71,174
	461,337

---

[1]) Die Revolution in Frankreich hat auf den Verkauf der theueren musikalischen Instrumente einen ungünstigen Einfluß geübt, sonst müßte die hier angegebene Summe größer ausfallen.

Uebertrag	461,337
Spanien	52,990
England	45,016
Brasilien	34,992
Francs	594,335 [1]).

Die deutsche Pianofortefabrikation ist sicher sehr ausgedehnt, da die musikalische Erziehung daselbst viel verbreiteter ist als in andern Ländern, auch die weit billigeren Preise die Anschaffung erleichtern. In Deutschland dürfte Wien am meisten produciren, nächst ihm vielleicht Stuttgart und Leipzig. Doch ist kein Maßstab zu irgend einer Zahlenangabe möglich.

Ich schließe nun den ersten Abschnitt, indem ich noch als Anhang eine Liste der verschiedenen Hölzer und Materialien, so wie der Arbeitstheilung gebe, wie solche in der Broadwood'schen Fabrik verwendet werden.

Hölzer in englischer,	in deutscher Benennung.	Woher sie gebracht werden.
Beech	Buche	England
Beefwood	schweres, blaßrothes Holz, 9 Fuß lang u. 13—14 breit geschnitten.	Brasilien, auch Neu-Holland.
Birch	Birkenholz	Canada
Cedar	Ceder	Süd-Amerika
Deal	Tanne	Norwegen
Ebony	Ebenholz	Ceylon
Fir	Föhre, Kiefer	Schweiz
Lime Tree	Linde	England
Mahagony	Mahagony	Honduras (Central-Amerika.)
detto	detto	Cuba
Maple	Ahorn	England od. Ital.

[1]) Die Indépendance belge vom 7. November 1851 gibt die Zahl der jährlich in Belgien verfertigten Claviere auf 1000 bis 1200 an, wofür sie die eingehende Summe auf 12 bis 1500,000 Francs berechnet.

Pear Tree	Birnbaum	England
Pine	Fichte	Canada
Rosewood	Rosenholz, eigentlich Palissander	Rio-Janeiro
Satin-wood	Atlasholz	Ost-Indien
Sycamore	Bergahorn ob. Platanenbaum	England
Wainscot	Tafelholz	Riga
White Holly	Weiße Stechpalme	England
Zebra-Wood	Zebraholz	Brasilien
Amboyna wood, Walnut Tree	Amboynaholz, Wallnuß	Amboyna. Molukkeninseln. Italien [1]).

Andere Bestandtheile.

Leder.

Buffalo	Büffel- \
Basil	Schaf- > Leder
Calf	Kalb- /
Doe Skin	Dammthierhaut
Saddle	Satteleder
Sole	Sohlenleder
Sheepskin	Schafshaut
Morocco	Saffian.

Wollentücher.

Baize green-blue	Grünboi und blaues
„ brown	„ braunes
Broad cloth superfine	breites feines Tuch
„ „ second	„ 2. Classe
„ „ coarce	„ rauhes
Damper cloth	Dämpfertuch
Felt	Filztuch [2])
Punch cloth	Dicktuch.

---

[1]) Bei uns werden noch die Hölzer von Eichen, Nußbaum und Zebrabaum verwendet, welche in der Tabelle nicht vorkommen.

[2]) Zu Decken auf dem Claviere verwendet man sehr elegante Muster von Guttaperchastoff, wie ich es in London bei Kirkman gesehen.

Metall.

Brass Studs	Metall-Pfosten
„ Bridge	Steg von Metall
„ Pins	Nägel „
„ Hinges	Haken „
„ Locks	Schloß-Scharnier
„ Spurrier	Sporer
„ Pedal Wires	Pedal-Draht
Copper covered wire	Kupferdeckdraht
Gun metal	Stückgut
Iron-Brace Bars	Eiserne Spreitzen
„ Screws	„ Schrauben
„ Hitch Pins	„ Schlingnägel
„ Beam Screws	„ Baumschrauben
Steel Arches	Stahl-Bogen
„ Bars	„ Riegel
„ Screws	„ Schrauben
„ Wire	„ Draht
„ Spun Strings	Uebersponnene Saiten.

Verschiedenes.

Bees Wax	Bienen-Wachs
Emery Paper	Schmergelpapier
French Polish	Französische Politur
Glass Paper	Glaspapier
Glue	Leim
Ivori	Elfenbein
Linseed Oil	Leinöl
Putty Powder	Glaserkittpulver
Spirits of Wine	Spiritus von Wein
Black Lad	Dunkles Blei.

Wenn ich bei Anführung dieser Gegenstände einen oder den andern Ausdruck nicht richtig übersetzt habe, so möge meine Entschuldigung, die ich auch für die folgende Tabelle in Anspruch nehme, darin liegen, daß die in England übliche ganz genaue Theilung der Arbeit, die für eine solche ausgebreitete Fabrikation von unläugbarem Vortheile ist, bei uns noch nicht eingeführt ist, daher unsere Sprache die passenden Worte dazu noch nicht aufgestellt hat.

Aufzählung der Arbeitsgattungen nach der Reihe.

1	Sawyer	Holzsäger
2	Bent Side Maker	Hohlwandmacher
3	Case ,,	Corpusmacher
4	Bracer	Holzspritzenmacher
5	Bottom Maker	Kastenmacher (für Tafelpiano's)
6	Block ,,	Kloben= oder Blockverfertiger
7	Soundingbord Maker	Resonanzbodenmacher
8	Markerof	Austheiler
9	Typmaker	Stegmacher
10	Plinther	Säulenplattenmacher
11	Chek Maker	Fanger = Arbeiter
12	Beam ,,	Balken= ,,
13	Damper ,,	Dämpfer= ,,
14	Hammer ,,	Hammer ,,
15	Hammer Letherer	,, Belederer
16	Lifter Maker	Wegbalken=Macher
17	Key ,,	Tasten= ,,
18	Stringer	Besaiter
19	Notch Maker	Einschneider
20	Lyre ,,	Leyermacher
21	Leg block Maker	Schaftblock=Macher
22	Finisher	Ausarbeiter
23	Rougher-up	Rauhmacher
24	Tuner	Stimmer
25	Leg Maker	Beinschneider
26	Turner	Drechsler
27	Scraper	Schaber
28	Polisher	Polirer
29	Carver	Schnitzer
30	Gilder	Vergolder
31	Regulator Action	Mechanikrichter
32	Regulator Tones	Tonregulirer
33	Brass Stud Maker	Metall=Pfosten=Macher

34	Brass Bridge Maker	Metall=Steg=Macher
35	Harmonic Bar „	Eiserne Verspreitzung = Macher.
36	Iron Brace „	„ Springer= „
37	Metall Plate „	Metall=Platten= „
38	Steel Arch „	Stahlbogen= „
39	Wrest Pin „	Stimm=Nägel= „
40	Spunstring „	Uebersponnene Saiten= „

Da keine historische Uebersicht des Baues der Clavierinstrumente existirt, so habe ich meine Forschungen darüber in folgenden Werken und Schriften unternommen und daraus die geschichtlichen Daten geschöpft.

Virdung: Musica getutscht. 1511. Basel.
Agricola Mart.: Musica instrumentalis. 1529. Wittenberg.
Zarlino Gius.: Istituzioni armoniche. Venetia. 1558. p. 164.
Cerone: El Melopeo y Maestro. En Napoles. 1613. Lib. XXI: de los instrumentos musicales.
Praetorius: Syntagma musicum. 1615. Wittenberg.
Mersenne Marin: Harmonie universelle. 1636. Paris.
Ath. Kircher: Musurgia univers. Romae. 1650. p. 453.
Burney: The present state of Music. 1771. London.
   „   Tagebuch einer musikalischen Reise. 1773. Hamburg.
Mattheson: Der vollkommene Kapellmeister. 1739. Hamburg.
Mizler: Musikalische Bibliothek (1tes deutsches Musikjournal.) 1736. Leipzig.
Adlung: Anleitung zur musikalischen Gelahrtheit. 1758. Erfurt.
Marpurg: Kritische Briefe über die Tonkunst. 1759. Berlin.
Doni G. B.: De generi e de modi. Roma. 1635. p. 58.
Printz: Historische Beschreibung der edelen Sing= und Klingkunst. 1690. Dresden.
Forkel J. N.: Allgemeine Geschichte der Musik. Leipzig. 1788. II. 375.
Busby: A general history of Music. 1819. London.
Thon: Ueber Clavierinstrumente, deren Ankauf, Behandlung ꝛc. 1825. Ilmenau.
Müller: Aesthetisch=historische Einleitungen in die Wissenschaft der Tonkunst. 1830. Leipzig.

Briefwechsel zwischen Göthe und Zelter. Berlin. 1833.
Schneider: Beschreibung der musikalischen Instrumente. 1835. Leipzig.
Becker C. F.: Die Hausmusik in Deutschland im 16., 17. und 18. Jahrhunderte. 1840. Leipzig.
Kützing: Handbuch der Fortepianobaukunst. Das Wissenschaftliche derselben. 1842. 1843. Bern.
Kiesewetter über Guido v. Arezzo. Leipzig. 1840.
Ersch und Gruber: Allgemeine Encyclopädie der Wissenschaften.
Keesz v.: Systematische Darstellung der neuesten Fortschritte in den Gewerben. 1830. Wien.
Berichte über die 1. 2. u. 3. allgemeine österreichische Gewerbeausstellung 1835, 1839, 1845.
Brendel Franz: Geschichte der Musik in Italien, Deutschland und Frankreich. 1852. Leipzig.

Wörterbücher.

Brossard: Dictionnaire de musique. 1703. Paris.
Walther: Musik. Lexikon. 1732. Leipzig.
Stössel: Kurzgef. musik. Lexikon. 1737. Chemnitz.
Gerber: Histor. biogr. Lexicon. 1790. Leipzig.
 ″   detto   1812.   ″
Fétis: Biographie universelle. 1835. Bruxelles.
Koch: Musikalisches Lexikon. 1802. Frankfurt a. M.
Schilling: Universal-Lexikon der Tonkunst. 1834. Stuttgart.
Castil-Blaze: Dictionnaire de musique moderne. 1821. Paris.

Journale.

Leipziger allgemeine Musikzeitung v. J. 1798—1848.
 ″   Neue   ″   ″   1834—1851.
Cäcilia v. 1843. (Kiesewetter's Abhandlung über die mittelalterliche Instrumentalmusik. 209.
Gazette et revue musicale.
Wiener Musikzeitung.
Rheinische   ″
Zeitschrift des niederösterreichischen Gewerbvereins.

Newton's London Journal.
Illustrated News.
Morning Chronicle.
The Times.
The Penny Magazine.
L'Indépendance belge.
Encyclopaedia brittan.

Zudem noch einige Exposés, die von Erard, Pleyel, Montal ꝛc. ꝛc. veröffentlicht wurden.

Schlußwort der ersten Abtheilung.

Wenn ich auch nicht meinen darf, in diesem Versuche jeden Punkt ganz erschöpft zu haben, so kann ich noch viel weniger hoffen, daß es mir gelungen wäre, etwas in der Art Vollkommenes zu liefern, das in Allem Allen recht geworden, weil eben dieser Gegenstand im Zusammenhange bisher noch nicht erörtert war, und die Quellen, aus denen ich schöpfte, sehr sparsam flossen, auch nur mit Mühe zu entdecken waren. Deshalb wird dieser historische Ueberblick freilich leider nur fragmentarisch erscheinen, was aber lediglich im Thema selbst liegt. Früher war eben der Instrumentenbau von Schriftstellern meist unbeachtet geblieben, ja es gab eine Zeit, wo man über die vergessenen Instrumente der Egyptier, Juden und Griechen mehr Abhandlungen mit gelehrtem Wust veröffentlichte, als man Seiten für dieses Fach der neueren Zeit zu verfassen sich die Mühe gab. Die historischen Nachrichten sind daher nur durch zufällige Aufzeichnung, in gelegentlichen Anführungen aufzufinden. Da den Forscher auch die spätere allgemeine Geschichte der Musik in dieser Beziehung verläßt, indem sie darauf beinahe gar keine Rücksicht nimmt, so waren eben nur für meine mir gestellte Aufgabe jene Bruchstücke und Anführungen zu benützen, welche oft genug aus allgemeinen weitschweifigen Werken zusammengelesen, mit unserem Gegenstande in Verbindung gebracht und in das Ganze geordnet wurden.

Möge es mir hier erlaubt sein, der Wahrheit gemäß versichern zu dürfen, daß ich es bei den dazu erforderlichen Nachsuchungen und Ueberlegungen nicht an Fleiß und Eifer habe fehlen lassen, obwohl das, häufig auch unbelohnte, Durchsehen

so vieler alter und neuer Werke, die theils mein eigener Bü=
chervorrath, theils die k. k. Bibliothek mir darbot, meine Ge=
duld nicht selten auf eine schwere Probe stellten. Aber dieser
Schwierigkeiten ungeachtet fand ich mich bei Bearbeitung mei=
nes Gegenstandes so von ihm mit der Zeit angezogen, ich lebte
mich in ihm so ein, daß ich angespornt wurde, nichts außer
Acht zu lassen, um eine relative Vollständigkeit (nicht Weitläu=
figkeit) zu erzielen.

Sollte hier und da das Rechte nicht getroffen sein, so werde
ich jede gegründete Erinnerung, so wie alle berichtigenden Ur=
theile und Ergänzungen von Sachverständigen und Erfahrene=
ren als einen mit Dank empfangenen Beitrag zur Beförderung
meines Zweckes betrachten.

B. Londoner Ausstellung im Jahre 1851.

Gleich bei dem Eintritt in den Cristallpallast ersah ich zu meinem Leidwesen, daß dieser wunderbare Riesenbau allen ausgestellten Gegenständen weit mehr zu Gute käme, als den Musik-Instrumenten, die nicht allein gesehen [1]), sondern gehört und in ihren Feinheiten sogar vom Gefühle erfaßt werden mußten. — Der Ton des Instrumentes gehört bei der Beurtheilung desselben in die erste Linie und mit aller Offenheit will ich es gestehen, daß ich meine Aufgabe für unlösbar hielt, nachdem ich beim ersten Probiren den geringen und seltsamen Klang der Claviere vernommen.

Ich war mir wohl genügender Erfahrung zur Beurtheilung und Vergleichung der Clavierinstrumente bewußt. Drei Wiener Industrieausstellungen, zu denen ich als Jury zugezogen wurde (1835, 1839, 1845) hatten uns Allen die Grundsätze klar gemacht, nach denen ein unpartheiisches Urtheil zu fällen möglich war. Gleicher Antheil an Boden, Sonne ꝛc. mußte von den Kampfrichtern den Preisbewerbern zuerkannt — der Saal, in dem der Vergleich Statt fand, akustisch genügend ermittelt werden — ja sogar die Stellung der Pianoforte's war durch Kreidezeichen bestimmt, da manche unermittelte akustische Launen einzelner Punkte weder Vor- noch Nachtheil einem oder dem andern Instrumente bringen sollten.

Es versteht sich von selbst, daß die Wahl der Stücke, die auf den zu beurtheilenden Clavieren gespielt wurden, eine zweckmäßige war. Bei Zweifeln wurde ein und dasselbe Stück auf 2 oder 3 Instrumenten unmittelbar nacheinander vorgetragen.

---

[1]) Selbst als Meubles betrachtet, konnte die kostbare und geschmackvolle Außenseite bei Manchen nicht zur Geltung kommen, weil die Instrumente zu gedrängt unter einander standen. Der Zugang war zu Einigen positiv unmöglich.

Der einzige Maßstab, der mich vor der Hand in diesem Labyrinth leiten sollte, bestand — in der Erinnerung. Ich hatte nämlich theils in Wien, theils auch bei früheren Reisen, Instrumente der vorzüglichsten europäischen Clavierfabriken kennen gelernt, ja manche davon durch längere Zeit zu beobachten Gelegenheit gehabt — die Fabriken von Erard, Pleyel, Pape, Härtel, Eck, Kisting, Stöcker 2c. an Ort und Stelle besucht, auch in Hamburger Depôts englische Instrumente verschiedener Meister gespielt; ich versuchte daher, diese Erinnerungen früherer Jahre aufzufrischen, meine Bemühungen bei so ungünstigen Verhältnissen zu vervielfältigen, namentlich die Fabriken der hervorragendsten Firmen zu besehen und den öffentlichen Vorträgen mit gespannter Aufmerksamkeit zu folgen. Durch meine Bekanntschaft mit beinahe allen Pianisten, die zur Zeit in London weilten, war es mir ein Leichtes, bewährte Urtheile Anderer zu vernehmen und zu vergleichen, mich bei selben über die Eigenschaften einzelner Claviere nach den verschiedenen Phasen der Benützungszeit zu erkundigen, die Preise, Dauerhaftigkeit und Ausgleichung derselben, so wie das Nähere über deren Export zu erfahren, welcher letzte Umstand mir einen Fingerzeig über die solide Bauart, die die Versendung nach entfernten Gegenden und verschiedenen Climaten allein möglich machen kann, abgab. Der jedesmalige Geschäftsbetrieb ergab sich ebenfalls auf solche Erkundigungen — und so gerüstet, begann ich meine Runde zu machen, um einem clavierspielenden Freunde, oder den vielen Spielern, deren Zahl manchmal mehr als hinreichend war, zuhörend, mein Urtheil festzustellen, nachdem ich von verschiedenen Entfernungen und durch eigenes Spiel den Ton studirt hatte.

Alle diese Umstände, so wie die längere Zeit meines Aufenthaltes (ich war durch 5 Wochen täglich 3 — 4 Stunden in der Ausstellung mit den Clavieren beschäftiget) gewöhnten mein Ohr nach und nach an den Raum und an den in selbem vibrirenden Klang. Setzte man sich zum Spielen, so war man bald von zahlreichen Zuhörern umgeben, die durch eine Art von Absperrung dem Tone längere Dauer und Klangfähigkeit verschafften und zuweilen einen wandernden Salon bildeten. Ein anderer Uebelstand lag ferner darin, daß die Pianoforte's von einander zu entfernt und beinahe in allen Theilen dieses colossalen Gebäudes zerstreut standen, weßhalb sie nur mit Mühe aufgesucht werden konnten, zumal die Nummern nicht in gehöriger Ordnung waren.

Wie schwer das genaue Auffinden gewesen sein mag, kann man daraus ersehen, daß, bei dem höchst mangelhaften Catalog, die übersichtliche Zahl in den öffentlichen Organen verschieden lautete — ja, Vergleiche, die Mehrere unter uns machten, beinahe stets eine andere Zahl zum Resultate hatten. Es kamen auch später andere Claviere hinzu, und **das führt mich auf einen Punkt, der mit aller Schärfe gerügt werden soll:** ich muß es nur frei heraussagen, es ist kein fair play, auf das doch die Engländer sonst viel halten und was wir in unserer Sprache: ehrlich Spiel nennen, wenn Instrumente aus weiten Entfernungen übers Meer, zuweilen schlecht verpackt, im Stimmen meist vernachlässigt, lange vor dem Mai anlangen mußten, um in dem feuchten, unvollendeten Gebäude ihrer Entpackung zu harren und in diesem Zustande mit anderen concurriren sollten, die, wie die Fama geschwätzig sagte, der sorgsamen, zuweilen verbessernden Hand des Eigners, selbst im weiteren Verlaufe der Ausstellung sich erfreuen konnten, und am günstigen Tage, weit später als die angelangten fremden, an ihren Bestimmungsort gebracht wurden.

Der Engländer wiegt sorgfältig das Gewicht seines Jockei's bei Wettrennen und wird jede Wette mit Hohn abweisen, wenn man ihm anböte, mit seinem ermüdeten Pferde ein ausgeruhtes frisches laufen zu lassen. Wenn er auch die Zuversicht haben kann, daß nach überstandener Ermüdung die Chancen für ihn günstig ausfallen können, so wird er natürlich **diesen Moment für unpassend, ja das Anerbieten einer solchen Wette für Tollheit erklären.**

Doch es war ja dieses die erste Ausstellung in London überhaupt [1]) und deßhalb ist wohl mancher **Fehler** nachzusehen; **es sind aber** auch die **Folgerungen solcher Fehler** von dem gewissenhaften Berichterstatter **mit allem**

---

[1]) Paris hat deren schon 11 gehabt, Wien hat nächstens seine 4te.

Nachdrucke abzuweisen und der Sachverhalt ohne Schminke darzustellen. Daß selbe mannigfach werden ausgebeutet werden, zweifle ich keineswegs, besonders wenn der Vortheil darin gesucht werden wird, den lästigen Concurrenten herabzusetzen. Ich bin daher vollkommen überzeugt, daß zu einer zweiten ähnlichen Ausstellung ohne Abhülfe dieser großen Uebelstände nur sehr wenige Aussteller im Clavierfache sich melden werden.

Wieder auf die Stellung der Claviere von dieser verdrießlichen Episode zurückkehrend, so waren in der Abtheilung für die fremden (östlicher Eingang) die amerikanischen, belgischen, französischen nebst denen kleinerer Länder unten geordnet — der Zollverein und Oesterreich befanden sich auf der Gallerie.

Im Mittelgange glänzte der Prachtflügel Erard's (neben ihm ein Piano droit von Roller) als herausfordernder Matador, wogegen Hornung aus Kopenhangen und Breitkopf & Härtel schrägüber bescheiden seitwärts einbogen. Die drei Schweizer bückten sich unter der Gallerie (ganz unähnlich ihren den höchsten Gipfel aufsuchenden Ahnherren) und parlirten statt reinem Deutsch das Französische nach Erard's Grammaire.

Ich werde nie vergessen, wie Herr Erard bald nach meiner Ankunft, mich in der Ausstellung herumführend, mich auf die zahlreichen Nachahmungen seines Clavierstiles aufmerksam machte und ich dabei leider einen großen Theil Deutschlands darin einig fand, Fremdes nachzuahmen und anzuerkennen, unter sich waren die Wortführer derselben nicht so einig. Keine dieser Copien erreichte jedoch das Original — in England, in diesem streng conservativen Lande, hatte Erard beinahe keinen Proselyten auf der Ausstellung.

In der englischen Abtheilung befand sich die Hauptarmee auf der nördlichen Gallerie; an den äußersten Spitzen des Ostens standen 2 Peachey's und ein Deacoq-Lambert campirte im südlichen Parterre — Canada hatte 2 Pianino's als Garnison, und im mächtigen Glanze commandirten unten Broadwood und Collard — zwei tapfere Kämpen in goldener Rüstung.

Eigenthümlich war hier die Klangwirkung. Unten hörte man vortrefflich die oben gespielten Instrumente, so wie umgekehrt derselbe Fall eintrat. Auch war hier im Ganzen der Tumult geringer als in der Fremdenabtheilung.

Des Morgens um 8 Uhr begann ich regelmäßig meine Studien. Das Morgennegligée der Madame Exhibition war eben nicht sehr erbaulich zu erschauen. Der durch's Auskehren entstandene Staub, die durch Aufgießen reichlichen Wassers erzeugte Feuchtigkeit, das Klopfen einzelner Arbeiter und Ausbesserer, das Durchklopfen von Stoffen, das Stimmen der Piano's und Orgeln — Aug' und Ohr entsetzten sich manchmal über dieses unharmonische Gequieke und doch war dieses die einzig mögliche Zeit, genauere Forschungen anzustellen, wobei ich nicht genug die Zuvorkommenheit anerkenne, mit der meinem Wunsche willfahren wurde, und mit Ausnahme von einigen französischen Instrumenten (von bedeutenden Firmen) wurde mir Alles im Detail gezeigt — wozu ich nicht erst meine juror's Karte als gesetzlich berechtiget vorzuzeigen nöthig hatte.

Bevor ich nun an die Aufzählung aller Instrumente und an eine Beschreibung einzelner gehe, will ich noch einige Ansichten, die bei der Beurtheilung vielleicht nicht immer vorwalten, des Näheren erörtern.

Wir haben aus dem ersten Abschnitte gesehen, daß das Clavier ursprünglich gar nicht zum Vortrage in großen Räumen, daher noch weniger in Concerten sich eignete. Es gelangte erst später dazu, als es nach stufenweiser Verbesserung und größerer Verbreitung die Zuhörerschaft mit seinen Vorzügen und Mängeln so vertraut gemacht hatte, daß es im Concertsaal nach und nach heimisch geworden ist. Ich erwähne diesen Umstand mit besonderem Nachdrucke, als manche Beurtheilung, die sich nur darauf bezieht, offenbar eine einseitige zu nennen ist, und diese Einseitigkeit das Clavier um seinen ursprünglichen Reiz zu bringen droht, den nämlich — der heimlichen zarten Innigkeit, die dem Spieler eben mehr Herrschaft gewährte [1] und die große Wirkung erklärt, die manche Compositionen in früherer Zeit zu

---

[1] Bei manchen modernen Concerten sollte auf den Applaus des Publikums eigentlich der Instrumentenmacher erscheinen.

machen im Stande waren, wie die emphatischen Lobredner des
Clavichords in den gleichzeitigen Berichten erzählen.

Die bloße Befähigung im Concerte gehörig durchzudringen,
wird daher noch nicht ein Instrument als vortrefflich erscheinen
lassen [1]; doch kann man, um ein vollständiges Urtheil abzufas=
sen, diesen Umstand nicht entbehren, nur gehören vorzugsweise
ein musikalischer, runder (nicht schreiender) Ton und eine allen
Feinheiten des Ausdrucks zugängliche Spielart zu den unerläß=
lichen Eigenschaften des modernen Pianoforte's, welches aber
durch größere Dauerhaftigkeit sich auszeichnen muß, je kostspieli=
ger die Anschaffung gewesen — die Preisunterschiede derselben
sollen in der Beurtheilung ein wichtiges Wort mitsprechen.

Der nicht abzusprechende stärkere Ton der franco=englischen
Claviere steht beinahe in selbem Verhältnisse, wie die stärkere
Instrumentirung der Opern der Neuzeit. Sie kann zum Theil
als ein zur Gewohnheit gewordenes Reizmittel — zum Theil
aber von den Verehrern z. B. der Mozart'schen Muse gewiß
nicht mit Unrecht als zu lärmend [2] bezeichnet werden. Hoffen
nun diese in der Zukunft eine Mäßigung, die sie als Kunstfort=
schritt freudig begrüßen wollen, so ist ebenfalls zu erwarten, daß
das Clavierspiel, folglich auch der Claviermacher — um mich eines
wahr zu werdenden Sprichwortes zu bedienen — gelindere Sai=
ten aufziehen wird.

Bei uns ist der Verdi'sche Clavierton glücklicherweise noch
nicht zur Gewohnheit geworden, und doch waren die Erfolge der
Wiener Concerte, wie mich die bedeutendsten Virtuosen vielmal

---

[1] Zumal es bekannt ist, daß man auf Kosten der Solidität einen kräfti=
geren Ton, freilich auf nicht lange, erzielen kann. Selbst bei tadellosem
Baue entschädiget diese Eigenschaft nicht für manche Nachwehen, die dem
Besitzer jahrelang unangenehm sind. Conrad Graf hat gewöhnlich die
Concertinstrumente, wenn sie angekauft wurden, nochmals durchgegangen,
und sie etwas modificirt.

[2] Ein wirklicher Schauer überlief mich als ich Vuillaume's Riesen=
Violon, genannt Octobass, und Duccis Baßorgel für Orchester,
zur Unterstützung der Grundnoten sah und hörte. Jericho's Fall in der
Bibel durch Posaunenstöße erschien mir nicht mehr als Analogie, sondern
als pure Möglichkeit, und ich mache die Herren Aerzte auf pathologische
Neuheiten in Ohrenübeln aufmerksam.

versichert haben, die brillantesten unter allen, die sie gegeben. Die Erfolge, die der berühmte Pianist Schulhoff vor 1½ Jahren hier hatte, sind ebenfalls ein Beleg für die Entbehrlichkeit des grellen, starken Tones, denn derselbe zeichnete sich gerade auf außergewöhnliche Weise durch ein zartes und fein nüancirtes Spiel aus, welches der polternden Kraft durchaus nicht bedurfte, dieser rabbia der Pianisten, die den Saitenfabrikanten allein nur zu Guten kam. Wir ziehen daher logisch daraus die Folgerung, daß das Clavierspiel in jene Richtung einlenken muß, die auf die Schonung unserer Gehörnerven mehr Bedacht nehmen wird.

Man sieht, daß die Beurtheilung auf den stärkeren Ton allein den Hauptaccent nicht zu legen hat.

Die Spielart ferner darf nicht zu schwer, aber auch nicht zu leicht sein. Am angenehmsten ist eine gewisse Elasticität und ein leichtes Ansprechen, um in dem von künstlerischer Begeisterung gehobenen Vortrage durch technische Verdrießlichkeiten nicht beängstiget oder sogar aus der poetischen Stimmung gebracht zu werden. Ich finde aber, daß man manchmal in seinen Ansprüchen zu weit geht; denn die Kunst des Clavierspieles ist zu vervollkommnet, als daß sie nöthig hätte, die Palme des Erfolges mit den Clavierverfertigern gleichsam zu theilen.

Ich finde daher viel zu viel Gewicht auf das double échappement gelegt. Dasselbe ist eine Vorrichtung, nach welcher die Taste, ohne aufgehoben zu werden, von Neuem anschlagen kann. So angenehm, ja lobenswerth diese Eigenschaft, so sinnreich die Mittel hiezu — so war diese Erfindung eine Nothwendigkeit für den schweren englischen Mechanismus und den tiefen Tastenfall der früheren Zeit.[1] — Die Wiener Instrumente, die ihrer leichteren Behandlung wegen damals beliebter waren, bedurften dieser Art Nachhülfe nicht. Den Spielern zumal waren alle Wiederholungsfiguren leicht zugänglich, ja diese bildeten eine stehende Form in den unzähligen Variationen

---

[1] Es scheint fast, als ob diese Erfindung, im Jahre 1823 gemacht, im Jahre 1851 die höchste Belohnung erhalten soll: with reference to novelty in the invention, d. h. in Beziehung auf die Neuheit der Erfindung. Es ist dieses buchstäblich der erste Grundsatz der Jury, welcher diese 28jährige Erfindung noch heute neu vorkömmt.

eines Hieronymus Payer, Leidesdorf ꝛc. Selbst Domenico Scarlatti (geb. 1683 zu Neapel) benützte dieselbe in seinen Sonaten,¹) so wie J. P. Rameau (geb. 1685 gest. 1764) in einem niedlichen Scherzo: la poule, das Gackern der Henne dadurch bezeichnete. ²)

Ein tüchtiger Clavierspieler soll daher Alles, selbst auf dem Piano ohne double échappement herausbringen können; er übt sogar diese Wiederholungsfigur darauf besser, denn er hat sie auszuführen, nicht der Claviermacher. Doch hat sich Chevalier de Girard, der Erfinder der berühmten Spinnmaschine, bewogen gefühlt, den Pianisten diese Mühe zu erleichtern, indem er 1844 in Paris ein Pianoforte ausstellte, welches er Tremolophone nennt. Die Hammermechanik wirkte von Oben, über welche ein Cylinder mit krummen Ausläufern oder Zähnen angebracht ist, welcher durch ein Rad von einer zweiten Person in Bewegung gesetzt werden muß. Durch eine nicht sehr complicirte Verbindung mit dem Hammerstiel entsteht eine solche Ueberschwemmung von wiederholten Noten in allen Regionen der Claviatur, daß diese Stotterfigur in ganz kurzer Zeit zum Ueberdrusse wird ³). —

Hopkinson in London stellte auch ein ähnliches Pianoforte aus: „with patent repetition and tremolo check action."

Der Mechanismus, welcher diese doppelte Auslösung (double échappement) vermittelt, ist sehr complicirt. Er vertheuert das

---

¹) Siehe Haslinger's Gesammtausgabe

²) vide: nouvelle Edition, Paris, Launer p. 20.
³) Ein Herr Wiczet gab ohne Erfolg hier Concert vor 6 Jahren auf diesem Instrumente, nachdem es M. de Girard früher von den Künstlern und Instrumentenmachern besichtigen ließ.

Instrument, welches durch häufiges Ausbessern noch kostspieliger wird. Varietäten dieser Mechanik sind von sehr Vielen seitdem versucht worden: von Montal und Kriegelstein in Paris, von Southwell und Broadwood in London, von Streicher in Wien, von Stöcker in Berlin ꝛc. ꝛc. Montal nennt dieselbe: repetition rapide de la même note.

Da der Anschlag bei solchen Instrumenten beim ersten Niederdrücken der Taste ein stärkerer ist als die folgenden, durch das double échappement vermittelten, so ist ein gleichmäßiger Triller darauf schwerer auszuführen [1]).

Ich stimme ferner vollkommen mit den Wünschen Anderer überein: nach Billigerwerdung eines guten Instrumentes. Wie schon früher erwähnt, hat damit schon der berühmte Collard einen lobenswerthen Anfang gemacht [2]). Doch suche ich die Erfüllung meines Wunsches nicht in dem billigeren Anschaffungspreis, sondern in der längeren Dauer der Claviere. Eine Violine, die 400 Dukaten kostet, hat schon über 100 Jahre gedient und kann noch wenigstens dieselbe Zeit andauern, auch ist bei Kennern der Preis eher im Zu= als im Abnehmen. Das Clavier hingegen ist mit seinem mühsamen Mechanismus und dem Aufwand an Material, Arbeitszeit und Kenntnissen, im Verhältnisse zur Violine, nicht zu theuer, und ist wirklich in den ersten drei Jahren reich an vielen und erfreuenden Eigenschaften; doch bald merkt man allmälig, wie es älter, schwächer, an Ton geringer und in der Spielart weniger elastisch geworden — der Glanz ist dahin — und will man ein Clavier, welches 500 fl. C. M. gekostet hat, nach 4 Jahren

---

[1]) Kalkbrenner, der berühmte Pianist, läugnete bis an sein Lebensende die Nothwendigkeit des double échappement.

[2]) Harrison stellte zwar auch ein aufrechtes Pianino aus, von ihm „utilitarian boudoir piano" genannt, dessen Preis 18 Guineen (189 fl. C. M.) beträgt. Doch ist es nur einsaitig, von kleinerem Umfange und einfacherer Construktion der Mechanik. Später ist auch Bord's Bemühung für Billigerwerdung nachzusehen.

weggeben, so erhält man kaum die Hälfte, nach 6 oder 8 Jahren kaum den dritten Theil dafür.

Der Grund dieser raschen Preisverminderung liegt eben in dem eigenthümlichen Baue dieses Instrumentes. Dieses hat nämlich eine stets wirkende ungeheure Spannkraft, die ungefähr 250 Centnern gleichgestellt ist, auszuhalten, und ist außerdem hauptsächlich der vielen, oft complicirten Theile wegen, Aenderungen der Temperatur und durch häufiges, oft rauh behandeltes Spiel mehr Ungebühren ausgesetzt, als jedes andere Tonwerkzeug [1]).

Es hatte mich daher nicht wenig interessirt, in der Revue & Gazette musicale vom 27. April b. J. (Paris, Brandus) einem Aufsatze des kenntnißreichen und scharfsinnigen Fétis, Direktors des Brüsseler Conservatoriums, zu begegnen, der über eine neue Erfindung im Clavierbaue berichtet, welche Herr Sax (Vater), der berühmte Entdecker eines neuen Prinzipes für den Bau von Blasinstrumenten, gemacht hat und darin besteht, die Saiten des Clavieres über einen Sattel (Chevalet) wie bei der Violine gespannt zu legen, mit dem Zwecke, den Ton wesentlich zu verstärken, den Resonanzboden von den tonhemmenden eisernen Elementen zu befreien, die Dauer desselben ungemein zu verlängern, ja mit der Zeit dessen Eigenschaften des Klanges und der Schwingungen zu verbessern, und durch Aufhören des ungeheueren Druckes auf den Resonanzboden (auf 20,000 Kilogrammes angegeben), welches durch eine genial erdachte Gegenkraft [2]) vermittelt wird, die Dauer des Instrumentes gleich der Violine (?) zu stellen. Er drückt sich buchstäblich darüber so aus: il soustrait la table à l'action du tirage des cordes et conséquemment il donne à l'instrument toutes les conditions de solidité et même d'amélioration, sans avoir recours aux moyens ordinaires du barrage. La table échappera désormais aux contractions que lui fait éprouver

---

[1]) Bei der Violine nützen sich die Saiten und das Haar des Bogens ab, die in gar keinen pekuniären Betracht kommen, während beim Claviere höchstens der Kasten nicht so bald einer Aenderung unterliegt.

[2]) Fétis beschreibt in seinem neuesten Berichte Montal's Verfahren und System des Gegenzuges.

l'état actuel des choses. Fürwahr, eine Reihe von Aussichten, die die kühnsten Erwartungen übertreffen müssen, wenn sie realisirt würden, und jedenfalls schon Erläuterungen über die Priorität dieser Erfindung zwischen Fétis und Pleyel, dem berühmten Instrumentenmacher einerseits, so wie zwischen Pleyel und Wölfel, einem ebenfalls ausgezeichneten Collegen des Pleyel, in derselben Zeitung [1]) hervorgerufen haben. — Bis jetzt scheint aber diese Erfindung erst im Entstehen und noch nicht in die Wirklichkeit gelangt, eben so wenig, als die des Sohnes Adolph Sax, der nach Angabe des Herrn Fétis in seiner Biographie des musiciens eine Stimmvorrichtung erfunden haben soll, die mit einem Zuge des Stimmschlüssels alle Saiten zugleich in ein und dieselbe Stimmung bringen soll mit der differirenden des Orchesters oder eines andern Instrumentes [2]).

So bemerkenswerth übrigens der Fleiß, Scharfsinn und die Opfer sind, die seit einer Reihe von Jahren der Verbesserung des Pianoforte gewidmet wurden, so möchte doch noch Manches, was namentlich in die Wissenschaft einschlägt, auf die Fabrikation in größerer Ausdehnung als bisher hinzuzuwünschen sein. Man sieht nicht selten Versuche und Arbeiten, welche den Grundsätzen der Mechanik nicht entsprechen, und offen gesagt die Vermuthung aufdringen, daß die Architectur des Instrumentes noch nicht so ergründet sei, als es die Nothwendigkeit erheischt.

Die Theorie der Erzeugung des Tones, namentlich in seiner Qualität, ist ebenfalls in ziemliches Dunkel gehüllt. Wenigen scheint es gegeben, die Hauptbedingungen genau zu wissen, nach denen ein guter runder Ton und gewisse Eigenheiten desselben zu erzielen seien. Bei der größten, tadellosesten Sorgfalt im mechanischen Baue kann man doch nicht mit Gewißheit die Qualität des Tones vorherbestimmen; dieselbe scheint also zum Theile von zufälligen bis jetzt noch nicht gehörig berechneten

---

[1]) Vom 3., 11. und 18. Mai.
[2]) Vide p. 27 die Erfindung von Jos. Ehlers, so wie später die Note bei Allison.

Umständen abzuhängen. Selbst der Architect ist nicht im Stande, ungeachtet aller bekannten Proportionen, die Sonorität eines Theaters, Concertsaales im Voraus zu bestimmen, eben so wenig beruht die Lehre von dem Echo (Zurückwerfung des Schalles durch feste Flächen) in seinen vielfachen Combinationen, besonders in geschlossenen Räumen, auf sicheren Grundsätzen.

Diese Mißstände, die theils der Theorie, theils der Ausübung zu Last gelegt werden müssen, veranlassen Varietäten des Klanges im Claviere, nicht allein bei verschiedenen Instrumentenmachern von gleichem Verdienste, nein — auch in einer und derselben Fabrik finden sich bei gleichem Materiale und Baue differirende Klangeigenschaften vor. Selbst in einem und demselben guten Claviere entdeckt das geübte Ohr zuweilen abgesonderte unberechtigte Tonfarben — manchmal ist ein Theil der Scala vorzüglicher als der andere — nicht selten sind es nur wenige Noten, die den andern nachstehen — manchmal ist es nur eine Note, die fehlerhaft ist — kurz bei allen diesen Uebelständen, deren einige praktisch verbessert werden können, ist der eigentliche Grund derselben, der zur Theorie zurückführen muß, noch nicht gehörig erforscht.

Jedenfalls glaube ich, daß der Bau des Resonanzbodens noch ein Feld für weitere Studien und Versuche bietet.

Doch sind diese angeführten Uebelstände bei den Wiener Instrumenten (von guten Meistern) weniger fühlbar als bei den französischen und englischen. Der Chef einer Wiener Fabrik ist zugleich der erste Arbeiter derselben, und in Hinsicht auf Ausgleichung stelle ich unbedingt die hierauf bezüglichen Produkte der vaterländischen Industrie am höchsten. Mein patriotisches Gefühl war daher nicht wenig verstimmt, unsere ersten Firmen auf der Londoner Ausstellung nicht vertreten zu sehen.

Wo unsere beschäftigtsten Fabriken kaum 200 Instrumente jährlich liefern, so gibt die Zahl 2300 eines großen englischen Hauses eine zu unverhältnißmäßige Menge, als daß nicht die Sorgfalt der Ausarbeitung bei einzelnen Instrumenten eine geringere als bei uns sein sollte. Ein geschickter Wiener Instrumentenmacher gibt an Intelligenz, richtigem Blicke und musikalischer Erfahrung Keinem anderer Länder etwas nach. Eine Fabrik also, die Tüchtiges und zwar bei 2300 Clavieren leisten will, muß diese leitende Kraft wenigstens eilfmal in seinem Etablissement haben; daher überall in so großen Fabriken die Contre-maitres in größerer Anzahl — daher aber auch die nicht zu vermeidende Verschiedenheit des Produktes.

Der größere Ton der englisch-französischen Instrumente bietet ebenfalls mehr Möglichkeiten zur Verschiedenheit dar. Diese gibt zuweilen dem fein geübten musikalischen Ohre drei Register kund, die eher geeignet wären, ein eigens dafür berechnetes Trio aufführen zu machen, als ein Tonstück für ein und dieselbe Klangfarbe.

Der stärkere Ton des Clavieres ist ferner von einem stärkeren Caliber der Saiten bedingt, als man früher für die einzelnen Töne verwandte. Dieses stärkere Caliber erfordert aber eine größere Spannungs- und daher Widerstandskraft, der das festeste Holz nicht gewachsen ist. Man mußte deshalb, so wie der Stimmhaltung und Solidität wegen, zu metallenen Verspreitzungen und Platten seine Zuflucht nehmen, deren zu große und zahlreiche Anwendung dem Klange des Tones eine Färbung verleiht, die, ich spreche dabei eine vielfach getheilte Meinung aus — nicht sympathisch ist. Wie ein fremdes störendes Element tritt es hinzu, die einschmeichelnde Weichheit des Claviertones hemmend, nicht fördernd. Man wende mir nicht ein, daß auch mit diesen eisernen Rüstungen große Wirkungen hervorgebracht werden — doch ist dieses zum großen Theil der vorgeschrittenen Kunst des Spieles zuzuschreiben, theils diesem wichtigen noch nirgends erwähnten Umstande, daß der Clavierton bei unserer Zuhörerschaft sich so eingelebt und eingewohnt hat, daß er unter allen Instrumentaleffekten am meisten auf die Imagination, auf die Fantasie wirkt. Mag es daher kommen, daß es das verbreitetste der Instrumente ist, oder daß die größten unter uns lebenden und daher wirkenden Kunsttalente Claviervirtuosen sind, oder daß eine eigene Affinität der Schwingungen mit denen unseres Nervensystemes Statt findet — kurz, als Faktum ist es eben so fest stehend, wie jenes, daß manche Menschen eher von der Tragödie des Schauspielhauses als der des wirklichen Lebens zu Thränen gerührt werden.

Bei genauer Beurtheilung aber unseres Instrumentes hat man allein sich an die Sache streng zu halten und das zu rügen, was eben nicht gelobt werden kann. Man darf daher Fehler nicht übersehen, wenn sie auch der Vorzüge und Eigenthümlichkeiten wegen, die außerhalb des Instrumentes stehen, minder bemerkbar werden. — Als schlagendes Beispiel dazu dient der häufig vorkommende Fall, daß der geschickte Spieler das minder gute Clavier in ein besseres Licht zu setzen weiß, als minder geschickte, unter deren Händen das vortrefflichste Clavier ohne sonderliche Wirkung bleibt [1]).

Zu den eisernen Verspreitzungen zurückkehrend, welche von den Franzosen système de barrage genannt werden, so habe ich gefunden, daß manche bedeutende Instrumentenmacher selbst sie als einen Uebelstand betrachten. Broadwood z. B. schränkt die Zahl derselben auf drei ein, wie wir es bei näherer Beschreibung seiner ausgestellten Instrumente ersehen werden.

Als Gegensatz erschien auf der Ausstellung ein grand pianoforte einer bedeutenden Firma beinahe ohne Tonvibration, da das système de barrage aus acht metallenen Verspreitzungsröhren bestand; Erard's ausgestellter Clavierrahmen, einer eisernen Harfe ähnlich, entspricht ebenfalls nicht dem Zwecke — bei selber bestehen der Stimmstock, die Platte, an welcher die Saiten befestigt sind, aus Metall. Diese so wie die 6 Verspreitzungen aus gezogenem Eisen bilden zusammen ein Ganzes — einen Rahmen. Sonderbarerweise entstand ein heftiger Journalstreit wegen der Daten des einen oder des andern Verspreitzungssystemes, dessen musikalischer Vortheil eben doch nur problematisch ist.

Der schon oft erwähnte innere Zusammenhang des Spielers mit seinem Tonwerkzeuge läßt uns hoffen und wünschen, daß wie die streng getadelte Virtuosität der jüngsten Zeit eine bessere edlere Richtung nehmen wird, sicherlich die Fabrikation der Claviere derselben ebenfalls folgen muß. — Denn die blasirte Virtuosität war endlich über die Gränzen ihrer erlaubten Capriolen geschritten und hat sich, ohne berechtigt zu sein, an Etwas gemacht, das zu ändern nicht hätte gestattet werden sollen — näm=

---

[1]) Bei Jury's ein wichtiger Umstand! um daher unpartheiisch zu sein, darf das sogenannte dankbare Stück nicht dem Instrumente vorbehalten sein, das man für das Beste hält.

lich an den Ton. So spielt das in dieser Richtung irrthümlich befangene Violoncell größtentheils Violine, die Violine bläst Flöte (Flageolet), der Elephant unter den Saiteninstrumenten — der Contrabaß — virtuosirt Violoncell, Geige und Flöte zugleich, und der Pianist schien sogar den Paukenschläger um sein Brod zu beneiden ¹).

Diese lächerlichen Allotria fallen aber bei den Saiteninstrumenten dem Spieler allein zur Last, denn eine Violine von **Amati**, **Guarneri** oder **Stradivarius** bleibt unveränderlich ein vortreffliches, edles Instrument. Bei den Clavieren aber waren die Verfertiger genöthiget, den Capricen der Spieler Genüge zu leisten, daher so Manches ins Clavier hineingebaut ist, welches beim endlichen Verschwinden dieser Lächerlichkeiten unnütz, ja unangenehm erscheinen wird.

So bedenke man weislich, daß es eine gewisse Gränze gibt, über welche der Ton des Clavieres in Beziehung auf seine Stärke nicht schreiten darf, ohne seinen gänzlichen Charakter zu verlieren. Zum Orgelton oder gar zum wirklichen Orchestereffekte ²) kann er sich doch nicht erheben, und das, was er etwa an Kraft gewinnt, verliert er an bildsamer Schönheit.

---

¹) Ich will nicht von Sängern reden, deren heutzutage Viele den Namen Schreier verdienen. Auch das liebe Pedale, das durch Dick und Dünn mitwaten muß, ohne welches manche Clavierspieler zappeln würden, wie Fische auf dem Trocknen, sei unerwähnt in seinem Mißbrauche.

²) Sehr richtig bemerkt ein Correspondent der rheinischen Musikzeitung p. 420: Die neuesten Heroen des Claviers konnten an Geist ihren Vorgängern nicht gleichkommen, daher beschlossen sie, sie im Lärmmachen zu übertreffen, und erfanden die sogenannte Orchestration des Clavieres, welches allein alle Instrumente, alle Klangfarben des Orchesters vertreten, und ein Spieler, der mit seinen zwei Händen die Verrichtung von 100 Händen vollbringen will. Welch' eine Herkulesarbeit! — Aber die Natur läßt sich nicht ungestraft beleidigen. Unsere Orchester-Pianisten erreichen mit dem hageldichten Dreinschlagen, wobei sie ihre Arme zu Dreschflegeln machen, die Saiten sprengen und die Tasten und Hämmer ihrer armen Instrumente verrenken, nichts anderes, als ein entsetzliches Getöse, und das ist doch wahrhaftig nicht das Charakteristische eines Orchesters? und wenn sie denn wirklich auf den Einfall kommen, für's Orchester zu componiren, so bringen sie dafür nichts zu Stande als Claviermusik.

Schreiber dieses hat in Paris und London bei Anhörung von öffentlichen Vorträgen vorzugsweise dem Tone besondere Aufmerksamkeit gewidmet, und hat, was musikalischen Effect betrifft, zwischen den Concerten in obgenannten Städten und jenen in Wien keinen Unterschied gefunden. Ist auch unbestritten der englische und französische Ton größer, so ist die musikalische Proportion der Wiener Instrumente eine so gelungene, vortreffliche, daß die Ausführung der künstlerischsten Intentionen nicht im Mindesten an Gehalt verliert — so wie ein Miniaturbild dieselbe Aehnlichkeit enthalten kann, wie ein lebensgroßes.

Bei der großen Eifersucht, die in Hauptstädten gewöhnlich unter industriellen Rivalen herrscht, war es in London in dieser Saison gebräuchlich, daß die beiden Pianisten, die am meisten gefielen [1]), öffentlich abwechselnd auf Broadwood und Erard spielten. Wiewohl die Instrumente dieser beiden Herren nach verschiedenen Systemen gebaut und deshalb auch im Tone verschieden sind, so fand ich doch in Hinsicht auf die Wirkung auf's Publikum keine Differenz.

Wenn ich die vorhergehenden Betrachtungen nun zusammenfasse, so erhalte ich als logisches Ergebniß, daß bei Beurtheilung mehrerer Instrumente, ja bei Preisurtheilen die größte Unpartheilichkeit dadurch erzielt werden könne, daß zuerst der Zeitpunkt, an welchem alle Claviere ohne Ausnahme am bestimmten Platze anwesend sein müssen, mit Strenge festgesetzt und hierin keine Ausnahme für später Kommende gestattet werden solle [2]). Ferner darf keine Hand an den schon ausgestellten Instrumenten das Geringste zu bessern trachten, mit Ausnahme des Stimmers, der sich nur auf sein Geschäft zu beschränken [3]) hat.

---

[1]) Die Herren Halle und Pauer.
[2]) Gegen Mitte August, also 3½ Monate nach Eröffnung der Ausstellung, befand sich noch nicht auf derselben ein Instrument (Tafelpiano mit eigenem double échappement) von Rosenwall aus Stockholm, von welchem mir ein vor dem Ende der Ausstellung in London anwesender Freund, als von ihm durchprobirt, berichtete.
[3]) Die Ansicht des Instrumentes darf Niemand verweigert werden. Etwaige Erfindungen, deren Nachahmung zu befürchten wäre, könnten ja, wie

Die Arbeiten der Jury müssen unverzüglich beginnen, um etwa am Ende des ersten Monates mit ihrem Gutachten zu Ende zu sein. Die öffentliche Meinung, so wie etwaige Reclamationen, haben genügende Zeit und Raum zur allsfälligen Berücksichtigung, um die definitive Preisbestimmung nach möglichst gerechter Weise endlich öffentlich bekannt zu geben. Denn nur auf diese Art wird sie von bleibendem moralischen Werthe sein und dem eigentlichen Zwecke, der dieselbe hervorgerufen, dem Kenntnisse und Zeitopfer gewidmet wurden, entsprechen. — Nach der durch unpartheiische Sachverständige geprüften Solidität der inneren Arbeit soll in **allen Momenten** der Untersuchung mit **jedem einzelnen** für einen höheren Preis vorläufig designirten Claviere, an einem bestimmten wo möglich **günstigen Platze dasselbe** vorgenommen werden, d. h. dieselbe Hand (des Anschlages wegen) spiele **dasselbe Stück** auf allen unmittelbar nach einander. Man erschrecke nicht, darin eine zu starke Zumuthung zu finden, denn um **höhere Preise** kämpfen nur Wenige.

Man erkundige sich ferner genau nach der Dauerhaftigkeit, Stimmhaltung so wie der Gleichmäßigkeit der Fabrikate[1]) um nicht etwa einen glücklichen Zufall mehr auszuzeichnen, als langjähriges Verdienst; zuletzt mögen noch die Großartigkeit eines Etablissements, so wie die Preise, wohl in Erwägung gezogen werden, um allen Rücksichten zu genügen.

Ob aber die öffentliche Meinung nicht eine bessere Jury sei, als aufgeforderte Preisrichter, will ich diesmal ununtersucht lassen, **jedenfalls** aber wäre es zu wünschen, daß eine Jury bestände, welche die **Zulassung zu einer öffentlichen Ausstellung zu bestimmen** hätte, um wenigstens den zuweilen nöthig gewordenen Raum nicht durch schlechte Machwerke unnütz zu vergeuden, wie es leider in der Londoner Ausstellung mit Recht gerügt wurde.

Wir gehen nun jetzt an die alphabetische Aufzählung der

---

auf der Londoner Ausstellung, durch provisorische Patente sich vor diesem Nachtheile sichern.

[1]) Da Ausstellungen den Handel zu heben trachten, also Mittel zum Zwecke sind, so sei darauf zu sehen, daß nicht ihr allein, sondern dem praktischen Verkehr vorzugsweise das **Gute** geliefert werde.

ausgestellten Clavierinstrumente, welche nach der Reihe der Staaten im großen Cataloge geordnet ist.

Aussteller	England. I. London.	Nummern des großen Cataloges	Pianoforte's	Tafelförmige	Aufrechte
1.	Addison R.	487			1
2.	Akerman W. H.	490			1
3.	Allison	478			1
4.	Allison Ralph	480			1
5.	Broadwood et Sons	518	4		
6.	Brindsmead J.	474			1
7.	Cadby C.	471	1		2
8.	Collard and Collard	168	2	1	3
9.	Deacoq				1
10.	Ennever & Stedman	479			2
11.	Erard P. O.	496	4		3
12.	Greiner J. F.	468	1		
13.	Harrison J.	464			1
14.	Harwar J.	493a			1
15.	Holdernesse C.	482			1
16.	Hopkinson J. &. J.	500	1		2
17.	Hund F. & Son	486			1
18.	Hunt R.	477a		1	
19.	Jenkins W. & Son	484			2
20.	Jones J. C. & C.	481			1
21.	Kirkman & Son	487	3		1
22.	Lambert & Comp.	100			2
23.	Luff & Son	477			1
24.	Metzler, G.	475			1
25.	Moore & C.	476			1
26.	Mott J. H. R.	498	1		1
27.	Oetzman & Plumb	683			2
28.	Peachy George				2
29.	Rolfe W. & Son	472			3
30.	Southwell W.	469	1		
31.	Stodart & Son	470	1	1	
32.	Towns & Packer	494	1		1
33.	Wheatstone & Comp.	526			1
34.	Wornum R.	499	1		2
			21	3	43

Aussteller	England's II. Provinzialstädte.		Nummern des großen Catalogues	Pianoforte's	Tafelförmige	Aufrechte
1.	M'Cullagh	Belfast	483			1
2.	Smith & Roberts	Birmingham	491			1
3.	Dimoline A.	Bristol	489			2
4.	Aggio G. H.	Colchester	488			1
5.	Mathews W.	Nottingham	550			1
6.	Woolley F.	„	493			2

England's III. Colonien.

1.	Herberth & C.	Montreal (Untercanada)	92			1
2.	Philipps J. B.	Halifax (Neu-Schottland)				1
			Totalsumme	21	3	53

Vereinigte Staaten von Nordamerika.

Aussteller		Catalog-Nummer	Pianoforte's	Tafelförmige	Aufrechte	
1.	Chickering J.	458	1	1		Boston
2.	Gilbert & C.	435		1		„
3.	Hews G.	438		1		„
4.	Meyer Conrad	59		2		Philadelphia
5.	Nunns & Clark	374		2		New-York
6.	Pirsson James	90	1	1		„
7.	Wood James S.			1		
			2	9		

Oesterreich.

1.	Hoxa		1			Wien
2.	Pottje J.	141ᵃ	1			„
3.	Schneider J.	140	1			„
4.	Seuffert E.	141ᵇ		1		„
5.	Vlasky J.	141	1			Prag
			4	1		

Aussteller	Belgien.	Catalog-Nummer	Pianoforte's	Tafelförmige	Aufrechte	
1.	Aerts F. G.	186			1	Antwerpen
2.	Berden F. & C.	174			3	Brüssel
3.	Deffaux	188			3	"
4.	Jastrzébski F.	176			3	"
5.	Sternberg L.	180			2	"
6.	Verhasselt d'Oultrepont	179			1	"
7.	Vogelsang F. J.	181	1		1	"
			1		14	

Dänemark.

1.	Hornung C. C.	30	1	1		Copenhagen
2.	Rühms, H.	14			1	Altona (im Catalog Hamburg)
			1	1	1	

Frankreich. I. Paris.

1.	Aucher et Fils	404			2	
2.	Bord	1099	1			
3.	Collin				2	
4.	Debain A. C.	1172			2	
5.	Détis & C. (Association)	476			2	
6.	Domeny L. J.	477			1	
7.	Erard P.	497	3	1	1	
8.	Franche C.	1234			2	
9.	Herz H.	1268	2		1	
10.	Jaulin J.	1274			1	
11.	Kleinjasper J. F.	1633			1	
12.	Mercier S.	633			2	
13.	Montal C.	1665			4	
14.	van Overberg				1	
15.	Pape J. H.	943	1	2	2	
16.	Roller & Blanchet Son	1687			6	
17.	Scholtus	1482			2	
18.	Soufleto	1731			3	
			7	3	35	

Aussteller	Frankreich's II. Provinzialstädte	Catalog-Nummer	Pianoforte's	Tafelförmige	Aufrechte	
1.	Herding	335	1		1	Angers
2.	Zeiger A.	747			1	Lyon
3.	Cropet	131			2	Toulouse
			1		4	

Zollverein und Hamburg.

1.	Dieudonné & Blädel	20	1			Stuttgart
2.	Dörner F.	21	1		1	"
3.	Lipp R. R.	22			2	"
4.	Schiedmayer & Sohn	23	1	1	1	"
5.	Scheel C.	668			1	Cassel
6.	Breitkopf & Härtel	25	1			Leipzig
7.	Zeitter & Winkelmann	709	1	1	1	Braunschweig
8.	Kühmst G.		1			Darmstadt
9.	Schott B. & Söhne	25	1			Mainz
10.	Westermann & C.	80	1			Berlin
11.	Bessalié H. P.	71	1			Breslau
12.	Klems J. B.	595	1			Düsseldorf
13.	Gebauhr	848	1			Königsberg
14.	Heitermayer T.	486		1		Münster
15.	Adam G.	487	1		1	Wesel
16.	Gurike B.	73	1			Zossen
17.	Schröder C. H.	13	1			Hamburg
			14	3	7	

Holland.

1.	Cuijpers J. F.	95			1	Haag

Russland.

1.	Lichtenthal M.	172	2			Petersburg

Schweiz.

1.	Hüni & Hübert	87	1			vorm. Eck. Zürich
2.	Kützing	89	1			Bern
3.	Sprecher & Beer	103	1			Zürich
			3			

Ueberblick.

England	hatte	42 Aussteller, welche	21 Pftes.	3 Tafelp.	53 Aufr. lieferten
Frankreich	„	21 „ „	8 „	3 „	39 „ „
Der Zollv. u. Hamburg	„	17 „ „	14 „	3 „	7 „ „
Nordamerika	„	7 „ „	2 „	9 „	„
Belgien	„	7 „ „	1 „	„	14 „ „
Oesterreich	„	5 „ „	4 „	„	1 „ „
Holland, Schweiz	„	4 „ „	3 „	„	1 „ „
Dänemark, Rußland	„	3 „ „	3 „	1 „	1 „ „
		106 „ „	56 „	19 „	116

Alle Clavierinstrumente belaufen sich auf 191.

Obwohl Nordamerika, die Schweiz und Rußland gar keine aufrechten Piano's, Oesterreich nur eines sandten, so ist die Zahl derselben mehr als das Doppelte der großen Pianoforte's und beinahe das Sechsfache der tafelförmigen. In London sind die aufrechten Piano's sehr beliebt, der kleineren Räume wegen, die tafelförmigen sind beinahe schon verdrängt. Dagegen sind letztere in Schottland sehr begehrt und in Nordamerika werden fast nur tafelförmige gemacht, wogegen wieder die sogenannten Cabinets selten vorkommen.

Im Cataloge befinden sich noch drei Aussteller, deren Claviere ich nicht auffinden konnte, nämlich in
Canada Nro. 91 — Higgins — Piccolo
Hamburg „ 12 — Baumgardten & Hains — horizont. Pfte.
Lübeck „ 6 — Lunau Benj. H. — Cottage Piano.

Ein komisches Intermezzo lieferte die Abtheilung: Schweiz, wo sub. Nro. 90 Leroultre 2 musikalische Spielkästen nebst Pianoforte ausgestellt hat. Da ich letzteres nicht auffinden konnte, so klärte sich die Abwesenheit dadurch auf, daß der Aussteller der Commission andeuten wollte, daß seine Kästen sowohl Piano als Forte spielen könnten, weßhalb dieser Irrthum im Cataloge.

Als weitere musikalische Curiosa fanden sich vor: Hunt (477[a]) — Salontisch mit einem Fußblock, enthaltend ein Pianoforte nach großem Principe und ein Aufbewahrungsbehältniß für Musikalien. Ferner Anonym (288) ein Bett mit einem Pianoforte, welches, wie man sich hineinlegte, von selbst zu spielen anfing.

Der berühmte Instrumentenmacher Pape verfertigte schon vor 12 bis 13 Jahren solche Tischclaviere, genannt Piano-table und zwar in 2 Formen, 1. wie einen gewöhnlichen Tisch, dessen Ecken abgerundet sind — oder 2. sechseckig. Beim ersten Anblick glaubt man bloß einen Tisch vor sich zu sehen — zieht man aber die Claviatur heraus, so wird durch selbe ein klangvolles Piano entstehen, welches dem aufrechten nichts nachgibt. Will man mit Begleitung spielen oder ein Quartett machen, so ist die obere Tafel sogleich zu Pulten umgestaltet.

Einen Umstand kann ich nicht ungerügt lassen, daß einige Instrumente der französischen Abtheilung stets verschlossen und daher unzugänglich waren. Ich bemühte mich vergebens, selbe öffnen zu lassen. Dieser Vorgang ist um so tadelnswerther, als eben eine solche Ausstellung zur wechselseitigen Belehrung dienen sollte und ohnehin durch provisorische Patente jede neue Erfindung gesichert werden konnte. Man mußte daher sich bloß mit den Annoncen, die in der Nähe angeheftet worden, begnügen und die sonst so bekannten Firmen haben es sich nur selbst zuzuschreiben, wenn dieselben, im französisch=emphatischen Stile, von Vielen als ein Puff angesehen wurden.

Einen starken Mißbrauch trieb man ebenfalls mit dem Worte Sold, d. i. verkauft, welches an ziemlich vielen Gegenständen angeschrieben stand. Sollte dieses Wort das Publikum glauben machen, daß nur das Vorzügliche dieser Ehre theilhaftig werden konnte? Ei, da war es ja leicht, diesen Vortheil durch 4 Buchstaben zu erschleichen, besonders, wenn mehrere Exemplare noch vorhanden waren. Wer konnte denn die Wahrheit nachweisen oder wer hatte das Recht, dieselbe zu begehren? In der österreichischen Abtheilung waren manche Gegenstände wirklich verkauft, ohne daß etwas davon öffentlich notirt gewesen wäre.

Man mag sich eher gefallen lassen (was in Paris jetzt schon geschieht und bald überall nachgeahmt werden wird), daß man an allen Ecken in Auslagen lesen wird: Zugelassen zur englischen Ausstellung — admis à l'exposition de Londres etc.

Die große Concurrenz in Hauptstädten erklärt und entschuldiget manche ähnliche Kunstgriffe, zumal sie bei wirklichem Ver=

dienste die einzige Entschädigung für viele Kosten und ge=
täuschte gerechte Erwartungen bieten. Bei einer Ausstellung hin=
gegen — bei einem industriellen Kampfe muß die größte Un=
partheilichkeit herrschen, sonst kann die Ahnung zur Wirklichkeit
werden, daß nie mehr eine zweite Statt finden wird, falls
nicht über alle absichtlichen oder von mir gerügten vielleicht zu=
fälligen Fehler, beruhigende Abstellungen im Vorhinein zugesichert
werden.

Vergleiche der Londoner=Ausstellung mit anderen.

Städte	Ausstellung	Jahr	Aussteller	Zahl der Claviere	Pianoforte's	Tafelförm.	Aufrechte
London	1te	1851	106	191	56	19	115
Paris	10te	1844	84	166	25	26	115
Paris	11te	1849	72	104	18	3	83
Wien	1te	1835	10	17	13	3	1
Wien	2te	1839	28	47	38	5	4
Wien	3te	1845	57	88	76	8	4

Bei dieser Uebersicht ist es bemerkenswerth, daß von den
106 Ausstellern der Londoner Exhibition nur 42 auf England
kommen, während Paris im Jahre 1849 72 Aussteller hatte.
Paris machte eine blutige Revolution durch, nimmt nur den
dritten Theil der Summe ein, die London für seine Claviere er=
hält, und hatte nicht, wie jetzt, die Concurrenz der ganzen cla=
vierfabrizirenden Welt zu erwarten und auszuhalten. Was immer
nun der Grund dieses auffallenden Umstandes sein mag — so
ist wenigstens für England diese Lehre daraus zu ziehen, daß die
Revolution in Frankreich die dortige Industrie nicht zur Con=
currenz unfähig machte [1]), und als zweites für das allgemeine
Wohl wichtige Corollar: daß, um eine Rivalität zu läh=

---

[1]) Die allgemeine Stimme hat, was Geschmack und Erfindung betrifft,
Frankreich den ersten Rang auf der Weltausstellung angewiesen.

men, die Beförderung der Unruhen in anderen
Ländern nicht das beste Mittel [1]) sei.

Ueber frühere Pariser=Ausstellungen konnte ich mir nur
folgende Notizen verschaffen:

Jahr	Clavier=Aussteller
1801	2
1802	5
1806	12
1819	13
1823	37
1827	57
1834	57

Aus der ersten Tabelle ersieht man, daß im Verhältnisse zu anderen Städten, Wien am häufigsten die großen Pianoforte's ausgestellt hat, worauf auf die größere Ausdehnung der Fabrikation in dieser Form zu schließen. Die Auszeichnungen der Wiener=Aussteller verhalten sich folgendermaßen:

Von	Ausstellern	erhielten im Jahre	Goldene Medaillen	Silberne	Bronzene	Ehrenvolle Erwähnung
"	10	1835	2	1	1	2
"	28	1839	3	6	4	7
"	57	1845	4 (ohne Streicher)	7	7	9

Bei allen drei Ausstellungen war ich als Beurtheiler thätig, und nie hatten Andere, als eben nur Sachverständige, zu votiren, wogegen jetzt in London das Urtheil der aus 10 Personen bestehenden musikalischen Jury [2]) durch die größere Zahl der Mitvotirer der Gruppen und der Präsidenten leicht modificirt

---

[1]) Talleyrand's Sprichwort: C'est plus, qu'un crime, c'est — une faute, dürfte dabei zur Wahrheit werden.
[2]) Die englische Musik=Jury bestand aus: 1. Sir G. Smart, 2. Sir Henri Bishop, 3. Sterndale-Bennet, 4. Cypriani Potter, 5. Dr. Wylde, 6. Chev. de Neukomm, 7. Dr. Schafheutl (Zollverein), 8. Berlioz (Frankreich), 9. Thalberg (Oesterreich), und 10. Dr. Black (Amerika).

werden konnten. Es kann sich daher ereignen, daß ein einstimmiger Beschluß einer sachverständigen Special=Jury, von der größeren Zahl der übrigen Juror's annihilirt werde; auch hatten, wahrscheinlich aus Reciprocität, die Musiker über mathematische, astronomische, chirurgische Instrumente, über die Uhrenfabrikation ꝛc. mitzustimmen.

Wenn aber diese Art Zusammenstellung einer Jury, trotz der ehrenwerthen Eigenschaften eines jeden Einzelnen, eine fehlerhafte im Principe ist — so sind auch die Corollarien dieser Fehler, die Beurtheilung, die veröffentlicht wird, von dem Berichterstatter durchaus unberücksichtigt zu lassen. Er muß es dem gesunden Urtheile der Zeit überlassen, aus obigen Gesammtvoten und seiner Ansicht, falls sie differiren, das Wahre herauszufinden. So unbefangen daher derselbe seinen Bericht niederschreiben kann, da ihm die englische Beurtheilung unbekannt ist [1]), so muß er doch das Nichterquickliche seiner Stellung bekennen, in manchen bedeutenden Fragen vielleicht in Widerspruch mit diesem Areopag zu kommen, zumal ihm nicht hülfreich zur Hand stehen das Fernrohr des Astronomen, die Genauigkeit des berechnenden, mathematischen Uhrmachers, ja, er kann nicht einmal für seine überlange Arbeit auf den vielleicht nothwendigen chirurgischen Beistand [2]) rechnen, der doch selbst manchen Clavieren auf der Ausstellung so zur rechten Zeit zu Theil wurde.

In diesem Sinne spricht er unumwunden seine Meinung aus, daß er die Ertheilung der großen Medaille (das Großkreuz der Auszeichnung) an eine Person im Clavierfache nicht begreifen kann. Die überwiegende Ehre dieses Symboles aus Bronze [3]) steht nach seiner festen, künstlerischen Ueberzeugung und langjährigen Erfahrung, nach genauer Prüfung, entweder keinem der drei Hauptkämpen, oder einem

---

[1]) Dieses ist im August 1851 geschrieben, einige vage Gerüchte liefen schon im Publikum über die Council-Medaille herum.
[2]) Der bedeutende Kürzungen vorgenommen hätte.
[3]) Die Londoner Ausstellung wirft einen nachgewiesenen Gewinn von 200,000 Pfund den Unternehmern ab, das Metall, woraus die selten ertheilten großen Medaillen (170) hätte etwas großmüthiger gewählt werden können, zumal so eben in Englisch=Australien ein zweites Californien entdeckt wurde.

Jeden zu. Mag sich der Geschmack, die Neigung des einen Künstlers mehr zu Broadwood, oder zu Erard, oder zu Collard hinwenden (so heißen die drei ausgezeichnetesten Clavierverfertiger), so muß er selbst bei bekanntester Vorliebe für den Einen, die Verdienste der Anderen so hoch stellen, daß der Unterschied der zwei von ihm minder geliebten und daher minder begünstigten Firmen doch in der Wirklichkeit nicht so groß sei, als die Symbolik der Auszeichnungen andeutet. Die große Medaille verhält sich zur Preis-Medaille (die nächste und einzige im Range) ungefähr so, wie der Wallfisch zum Hechte, d. h. der Erste wird ein Meer von Bestellungen zu verschlingen haben, der Andere nur sein Provinzflüßchen ausbeuten können.

Verzeihung diesem harmlosen Scherze! Schreiber dieses verwahrt sich vor allen boshaften Folgerungen, die man daraus ziehen möchte — er wollte nur auf den großen Abstand recht deutlich hinweisen.

Ein solcher Abstand war aber nicht unter diesen Dreien vorhanden. Man lese nur aufmerksam Einzelnes des schon Vorhandenen durch, um Andeutungen genügenden Verdienstes, das so ziemlich sich gleichbedeutend bei allen Dreien herausstellt, vorzufinden, und, wenn man denn wissen will, wie ich über die Eigenthümlichkeiten dieser drei berühmten Häuser denke, so erkläre ich im Range:

In der angenehmen Spielart:
Nro. 1 Erard, Nro. 2 Collard, Nro. 3 Broadwood.
Im vollen, weitgreifenden Ton:
Nro. 1 Broadwood, Nro. 2 Collard, Nro. 3 Erard.
In der Concertfähigkeit:
Nro. 1 Erard, Nro. 2 Broadwood, Nro. 3 Collard.
In der Dauerhaftigkeit:
Nro. 1 Broadwood, Nro. 2 Collard, Nro. 3 Erard.
In der Exportationsfähigkeit:
Nro. 1 Broadwood, Nro. 2 Collard, Nro. 3 Erard.

Was die Zahl der Nachahmer betrifft, so ist diejenige, die Erard zum Muster genommen, bei weitem die überwiegende. In Wien nimmt dieselbe jedoch ab, obwohl mir die Wiener

Nachahmungen, die ich hier von Streicher nach Collard, und Bösendorfer nach Erard, seiner Zeit geprüft, weit besser gefielen, als alle die auf der Londoner Ausstellung vorhanden waren, und die ich sonst in einzelnen Fabriken, z. B. der in Cölln von Eck, im Jahre 1845 ꝛc. untersucht habe [1]).

Bei Erard ist übrigens eine andere bemerkenswerthe Specialität vorhanden, die nämlich, daß er wirklich der hervorragendste (der Wallfisch) unter den Harfenmachern ist. Die Erfindung Sebastien Erard's in der Harfe a double mouvement, hat weit mehr dieselbe verbessert, ja eigentlich ganz reformirt, als diejenige, die er mit dem double échappement im Pianoforte bewirkt. Lag auch die Beurtheilung der Harfe außerhalb meinem Gesichtskreise, so hat doch langjährige Erfahrung der ganzen musikalischen Welt dieselbe Ansicht eingeflößt, und er steht darin ohne Nebenbuhler.

Die Preise dieser ersten Firmen stellen sich, in London wenigstens, ziemlich gleich, doch glaubt man, daß Broadwood der Billigste unter den Dreien sei, vielleicht weil sein großes Capital ihm gestattet, die Bestandtheile in großen Massen anzukaufen, was daher keine unwesentliche Ersparung bezwecken kann.

Bei weitem die Mehrzahl der ausgestellten Piano's hatte Kästen von Pallisanderholz, welches, seiner Härte wegen, die Resonanz erhöht, auch durch die lebhafte Geschäftsverbindung mit Brasilien, in großen Massen nach England gelangt.

Nebst den schon oft besprochenen drei Firmen, war viel Pracht und Absonderlichkeit auf das Aeußere verwendet, was nicht immer mit dem inneren Werthe im Zusammenhange war. Ein Cabinet von Aggio hatte Spiegel in Goldrahmen als Kasten — bei Dimoline aus Bristol, war selber aus Papiermaché verfertiget — Lambert & Comp. verzierten die Tastatur; die Obertasten nämlich bestanden aus Schildkrötplatten, die unteren waren mit eingelegter Arbeit versehen. Ennever

---

[1]) Nach Broadwood's System arbeiten in England: Southwell, Towns & Parker, Hund &c., nach Collard: Allison, Lambert, Ennever & Stedman &c., Stodart arbeitete einige Zeit nach Erard, gab aber diese Nachahmung auf.

hatte eine ähnliche Verzierung — Seuffert aus Wien vereinigte sinnigen Geschmack mit Pracht — bei Schneider aus Wien war auch zarter Geschmack im Aeußern angewendet — einige belgische Fabrikanten entwickelten vielen Luxus, auch im Rococostyle ꝛc.

Auffallend war die nicht unbedeutende Zahl von Transpositionsinstrumenten nach dem bekannten Systeme der Verschiebung der Claviatur. Selbe wird durch einen Schlüssel oder durch einen Pedalzug vermittelt. Der verdienstliche blinde Claviermacher Montal aus Paris, war der Einzige, der diesen Vorgang dadurch anschaulich machte, daß er in der Mitte des Piano's, an der Fläche, worauf gewöhnlich der Name des Verfertigers befindlich ist, ein kleines Notensystem anbrachte, welches bei der verschobenen Claviatur dem denkenden Spieler den Intervallenunterschied beim Transponiren deutlich bemerkbar machte.

Zwei Ausnahmen dieses Systemes fanden sich jedoch vor, nämlich bei Addison und Harwar.

Addison nennt sein aufrechtstehendes Pianino: Royal Albert transposing Pianoforte. Bei selbem findet keine Verschiebung der Claviatur Statt. Sein System stammt aus Frankreich. Pape nämlich erfand vor mehreren Jahren eine getheilte Taste, deren ursprünglicher Zweck dahin ging, den damals schweren Anschlag leichter zu machen. Der geschickte Instrumentenmacher Mercier aus Paris bediente sich derselben Erfindung, aber zu einem anderen Zwecke, dem der Transposition. Er verkaufte sein Patent an Addison. Die Tasten sind in der Länge getheilt — der vordere Theil so wie der hintere können einzeln und unabhängig von einander bewegt werden — mit einander sind sie verbunden vermittelst eines schiebbaren Hebels, der sich unten befindet, so zwar, daß, wenn vorne immer eine und dieselbe Taste angeschlagen wird, durch diesen Hebel nach Belieben die Saiten der Nachbartöne von dem Hinter=Ende erklingen. Ein Modell dieser Erfindung war bei dem Piano zu sehen. So sinnreich diese Erfindung, so wenig, glaube ich, dürfte sie durchgreifen, da sie verwickelt, theuer und dem Tone des Clavier's durch die verschiedenen ungleichen Anschläge, hinderlich ist.

Harwar stellt auch ein aufrechtes Piano mit einem an=

deren Systeme der Transposition aus: er kehrt den Bewegungs=
proceß um, bei ihm ist es der Resonanzboden mit seinem schweren
Ballast, den Saiten, dem Stege ꝛc., der sich, anstatt der viel
leichteren Claviatur, in Angeln schieben muß, wodurch die Saiten
ihren Platz wechseln, ein Verfahren, dessen Neuheit weit von
seiner Unzweckmäßigkeit übertroffen wird.

Die Transpositionsinstrumente sind insgesammt nur dem
gewöhnlichen Musiker von Nutzen; der höher Stehende ver=
schmäht es, im Widerspruche mit seinem Gehöre, das ihm die
jedesmalige Intonation richtig anzeigt, die Finger anzuwenden.

Mit Repetitionsmechanik — franz. double échap-
pement — engl. double action, versahen ihre Instrumente:
Broadwood, Collard (Pianoforte, Tafel= und aufrechtes
Piano), Kirkman, Rolfe, Holderneffe, Smith &
Roberts, Erard, Oetzmann & Plumb, Greiner,
Enneber & Stedmann, Dieudonné & Blädel,
Schiedmayer & Sohn, Gurike, Mercier, Bord ꝛc.

Mit Harmonium verbunden, stellten Piano's aus:
Gilbert, Mott, Nunns & Clark, Verhasselt=
Debain=Herz, Jaulin ꝛc.

Nach diesen einzelnen übersichtlichen Zügen beginnen wir
nun nach der Reihe mit Beschreibungen von Instrumenten, de=
ren Erwähnung wir bemerkenswerth hielten.

England.

Abbison und Harwar's Instrumente, die wir so eben
des Näheren erörtert, gehören schon zu diesem Lande.

Allison Robert & Comp. bemalte die Tasten, um die
Erlernung der Scala zu erleichtern, und zwar ganz abweichend
von unserem Farbenunterschiede der Tastatur auf folgende Weise:

C = rothgrau.	Fis = rothgrau.
Cis = weiß.	G = weiß.
D = rothgrau.	Gis = rothgrau.
Dis = weiß.	A = weiß.
E = rothgrau.	Ais = rothgrau.
F = weiß.	H = weiß.

Die Regel zur Scalenerlernung soll die sein, daß man zur **Dur-Scala** bei den 3 ersten Tönen drei gleichfärbige — bei den 4 folgenden eben so viele anders gefärbte spiele; zur **Moll-Scala**: 2 gleichfärbige und 5 andere. Ziemlich unnütz! denn wer schon im Beginne solcher Erleichterungen bedarf, der entsage lieber gleich dem Pianoforte; auch ist die abwärtsgehende Moll-Scala nicht dadurch angedeutet. Dieses Curiosum ist übrigens nicht neu. **Rohleder Joh.**, Pastor zu Friedland, in Pommern, gab im Jahre 1792 in Königsberg bei Nicolovius eine: Erleichterung des Clavierspielens heraus, vermöge einer neuen Einrichtung der Claviatur und eines neuen Notensystems [1]. Diese, nicht ohne Scharfsinn abgefaßten Conjuncturen, die wohl stets auf dem theoretischen Gebiete wuchern, haben 36 Jahre später das Unglück des Instrumentenmachers **Carl Lemme**, der zu Paris etablirt war, (vide pag. 9) gemacht. Er ließ sich nämlich verleiten, Claviere nach diesem Systeme zu bauen, verwendete sein ganzes Vermögen darauf, ging dadurch zu Grunde und starb im Wahnsinne.

Jones & Comp., so wie **Pirsson** in New-York, haben Zwillingsinstrumente ausgestellt. Ersterer in aufrechter Form, der Andere ein Doppel-Pianoforte. Dieses ist beinahe ein doppelter Bau, welcher in einem Kasten nebeneinander zwei vollständige Claviere darstellt, während im Instrumente von **Jones**, welches zweien Pianino's, die sich mit dem Rücken aneinander lehnen, ähnlich ist, nur ein Rahmen, der beiden gemeinschaftlich ist, sich vorfindet, dagegen für jede Seite Tastatur, Resonanzboden, Mechanik und Saitensystem eigens angebracht sind.

---

[1] Im Jahre 1791 übergab er der k. Akademie der Wissenschaften zu Berlin seine Vorschläge. Sie bestanden 1. in einer Claviatur, auf welcher Ober- und Untertasten ununterbrochen wechselweise aufeinander folgen, 2. in einem neuen Notensystem, welches nicht nur die verschiedene Lage der Baß- und Discantnoten, sondern auch alle Kreuze und B vor den Noten aufhebt, in einem zu seiner neuen Tastatur gehörigen Tonzeiger, durch dessen Verrückung man sogleich transponiren kann, ohne die Applicatur verändern zu dürfen, 4. in einem beweglichen Stimmsteg, durch welchen das ganze Clavier auf einmal in jeden Ton umgestimmt werden kann. Der Mathematiker **Hübsch** (um 1755) hatte ebenfalls eine ähnliche Idee.

Die Idee beider Instrumente ist schon von André Stein, im Jahre 1785, durch ein Doppelclavier in Paris öffentlich praktisch vorgeführt worden, er nannte seine Erfindung Vis-à-vis-Pianoforte, hat aber selbes nicht weiter zu verbreiten und zu vervielfältigen gesucht, da der Nutzen davon ein problematischer ist.

Jenkins & Sohn stellte auch ein Cottage-Pianino aus, welches zur Verwendung auf Schiffen bestimmt ist, und woran die Erfindung des Vergrößerns und Verkleinerns patentirt ist, im letzteren Falle beträgt die Entfernung von vorne nach rückwärts 13½ englische Zoll. Die Tasten sind kurz, die Mechanik ist in Scharnieren gestellt und begreiflicherweise nicht von der Art, um viel Ton zu erzeugen. Die Erfindung, so unvollkommen sie ist, war doch schon da gewesen. Der schon im 1. Abschnitte genannte französische Claviermacher Marius (vide p. 13 Note 3) hat ein ähnliches projektirt; ja in dem kurzgefaßten musikalischen Lexikon, 1737 bei Stössel in Chemnitz gedruckt, und welches eigentlich ein Auszug des Walther'schen Lexikons ist, steht p. 89 Folgendes: „Claviers brisés sind „gewisse sogenannte gebrochene Instrumente, welche man zu-„sammenlegen und auf Reisen mit sich führen kann." Diese Vorrichtung ist auch bei der Phisharmonika im Gebrauche, ich fand selbe bei dem französischen Orgelbauer Alexandre & fils [1]) auf der Londoner Ausstellung bei einer für Thalberg verfertigten Harmonika, desgleichen bei Deutschmann in Wien.

Cadby hat ein großes Pianoforte ausgestellt von 7 Octaven und zwei aufrechte Cottages. Die Eigenthümlichkeit der namentlich bei dem großen Instrumente patentirten Erfindung besteht in dem Bau des Resonanzbodens, welcher gänzlich von dem Corpus und dem Stimmstocke getrennt erscheint. Ueber den ganzen Umkreis des Instrumentes befindet sich ein Verspreitzungssystem von Eisen, welches mit Schraubenmüttern versehen ist. Der Resonanzboden ist durch eiserne Zapfen mit diesen Schrauben in Verbindung gesetzt, so daß man ihn, ähnlich der Pauke,

---

[1]) Im Ausstellungscataloge sub Nr. 1719.

spannen und nachlassen kann. Der Ton entsprach indeß nicht diesem mühsamen Apparate ¹).

Hund & Sohn zeichnen sich durch die sinnreiche Einrichtung ihres aufrechten Piano's aus, welches eine der Lyra ähnliche Gestalt hat. Bei dem Umstande, daß in England die meisten Zimmer mit Teppichen belegt sind, die dem Tone wesentlich schaden, haben sie dieses Instrument mit einer Estrade verbunden, die hohl ist, und deshalb dem Tone mehr Schwingungen verleiht. Sie benützen aber zugleich diese Höhlung, um die tiefen Baßsaiten in ihrer Länge, die dieselbe wie bei großen Clavieren ist, daselbst fortzusetzen, und erzielen daher mit selben einen weit stärkeren Klang, als man bisher bei aufrechten Instrumenten vermuthen konnte. Der andere Vortheil besteht ferner darin, daß sie den Aufsatz in geringerer Höhe anwenden können, wodurch der Spieler den Zuhörern sichtbar wird, während er früher entweder denselben den Rücken wenden mußte oder hinter dem Aufsatze verborgen war. Dafür ist aber die Rückwand, die sonst an die Mauer sich lehnte, mit Eleganz verziert und das Instrument in dieser Form überall hinzustellen.

Kirkman & Sohn bringen nebst zwei guten Pianoforte's und einem aufrechtstehenden Cottage ein Modell im verkleinerten Maßstabe und zwar von einem großen zweisaitigen Instrumente. Es hat einen Umfang von 6¾ Octaven (von C zu G) und jeder Ton hat fast dieselbe Kraft als wie beim großen Instrumente. Die Verfertiger wollten eben in dieser kleinsten Form, die an Liliput mahnt, alle Verbesserungen der neuesten Zeit darstellen. Verspreizungen und Saitenhalter sind von Metall — die neueste Hammermechanik, alle Pedale, vortrefflicher und sonorer Ton, elastischer Anschlag, sind in Vorzüglichkeit vorhanden. Freilich kann man darauf mit Leichtigkeit zwei Octaven spannen, dagegen mit Schwierigkeit Scalen spielen, ohne zwei der schmalsten der Tasten zugleich zu berühren. Die Arbeit ist mit einem Worte ausgezeichnet. Wir wollen zur deutlichern Anschauung die Größe eines vollkommenen Pianoforte's mit diesem Miniatur-Modell vergleichen.

---

¹) Nach Fétis hat Pape schon im Jahre 1828 Aehnliches versucht, sich darauf patentiren lassen, gab aber bald Beides auf.

	Fuß	Zoll		Fuß	Zoll
Außenseite des großen Pianoforte — Länge	7	—	bei Kirkman's Miniatur-Modell	4	1
Außenseite des großen Pianoforte — Weite	4	3		2	10
Höhe von der Fußspitze bis zum Obertheil	3	2		1	8½
Länge der Claviatur	3	7½		2	2½
„ „ Octave	—	6½		—	3¹⁵⁄₁₆
Tiefe der Taste von vorne nach rückwärts	—	5⅜		—	3½

Greiner hat bei seinem Ausstellungspianoforte schon im Aeußern desselben die Sonorität des Tones dadurch zu verstärken gesucht, daß die Hohlwand des Flügels (die Krummseite) wie ein Sprachrohr gehöhlt ist, uud durch diese Schallöffnung in einem günstigeren Lokale wirklich an Kraft bedeutender sein soll. Zudem hat er eine eigenthümliche Besaitungsart, dieselbe weicht von der gewöhnlichen darin ab, daß sie die Richtung umkehrt — nämlich der Anhängepunkt befindet sich nach vorne, woselbst ein Regulativ-Wirbel angebracht ist. Jeder Ton hat nur zwei Saiten und diese bestehen aus einem ununterbrochenen Stücke, welches nach rückwärts an dem Stimmnagel sich anschmiegend zwei Theile darstellt. Die Stimmung geschieht nur an einem Theile der Saite, während die Stimmschraube die andere zu reguliren im Stande ist. Der einzige Nachtheil dabei ist freilich der, daß wenn eine Saite springt, der ganze Ton sogleich verstummt. Auch zeichnet sich dieses Instrument durch eine eigenthümliche Repetitionsmechanik aus.

Matthews aus Nottingham hat in seiner Mechanik mehr Theile aus Metall als aus Holz angebracht, selbst die Rückwand besteht aus einem Metallpanzer, um Insecten und Mäuse abzuhalten.

Die Cottage Pianoforte's von Rolfe mit double action zeichnen sich durch besondere Güte aus.

Stodart ¹), eine alte Firma, schon im Jahre 1820 durch sein Verspreitzungssystem bekannt und nachgeahmt, hat 8 Hohlröhren an seinem 6¾ Octavigen großen Claviere angebracht. Das Hohle übt größere Widerstandskraft aus, als Balken, wovon eben das Bausystem des Crystallpallastes das glänzendste Beispiel gegeben. Die Größe des Tones stand aber nicht im Verhältnisse zu dem sinnreichen Apparate, der übrigens durch das Prinzip der Höhlung die Metallmasse verringert. Auch ist die Metallplatte, woran die Saiten befestiget sind, von dem unterhalb befindlichen Holzrahmen getrennt, um dem verschiedenen Einflusse der Temperatur auf Metall und Holz weniger Spielraum zu gewähren. Der Stimmstock ist nach Wornum's System verfertiget, nach welchem das Holzwerk des Stimmstockes über den Saiten angebracht ist, was wohl schwerlich allgemein eingeführt werden wird.

Von selbem Hause ist auch ein tafelförmiges Piano „compact square" von 6¾ Octaven ausgestellt, deßhalb so benannt, weil es 6 oder 8 Zoll kürzer als die gewöhnlichen gleicher Gattung gebaut ist. Die Hammermechanik ist von oben wirkend und von Greiner wesentlich verbessert, indem er die Federn entbehrlich machte. Stodart wendete zuerst auf tafelförmige Instrumente die Mechanik von oben an und seit 4—5 Jahren ist er der einzige englische Claviermacher, der nach diesem Prinzipe arbeitet ²). Ein Piano=pedal ist ähnlich dem Montal's (vide p. 101) konstruirt.

Wornum, der schon früher unter den sehr verdienstvollen Erfindern angeführt ist, hat einen zweisaitigen Stutzflügel „Albion" genannt, ausgestellt. Derselbe hat ebenfalls eine Hammermechanik von oben, im Jahre 1842 patentirt. Besonders inte=

---

¹) Der Enkel desjenigen, welcher im Jahre 1766 mit Backer's und Broadwood in der Tschudy'schen Fabrik in London die sogenannte englische Mechanik zu bauen mithalf.

²) Wenn schon Schröter 1717 theoretisch dieses Prinzip aufstellte, es sodann der Unausführbarkeit wegen, wie er meinte, aufgab, so hat dieselbe doch zuerst Streicher in Wien im Jahre 1824 ins Leben gerufen. Pape in Paris ließ sich 1826 darauf patentiren, natürlich mit Verbesserungen (!) (Vide I. Absch. pag. 12). (Vide pag. 37 Note 1).

ressant dabei ist die gänzliche Abwesenheit von Metallspreitzen, sie gibt zugleich ein lehrreiches Beispiel, wie diese Mechanik das Clavier vereinfachen und billiger stellen kann.

Collard & Collard, eine der älteren berühmten Firmen Englands, durch den weltbekannten Associé Muzio Clementi zum ersten Range erhoben, hatte dem Onkel des jetzigen Besitzers, einem eben so thätigen wie kenntnißreichen Mann, viele industrielle Vortheile und mechanische Verbesserungen zu danken. Im Jahre 1827 führte Stewart, Chef d'atelier des Hauses, eine Verbesserung in der Mechanik ein. Im Jahre 1843 nahm dieses Haus ein Patent auf ein neues System der repétition. Sein großes Pianoforte von 7 Octaven, welches auf der Ausstellung zu sehen war, besitzt alle Vorzüge eines ausgezeichneten, hervorragenden Instrumentes, dessen Spielart ich, wie schon Seite 90 erwähnt, für die zweitbeste englische halte. Sein tafelförmiges Clavier ist von vorzüglicher Güte und bestimmt das Beste in dieser Form auf der Ausstellung [1]. Unter den übrigen von ihm ausgestellten aufrechten sei das billige for the people [2] nochmals hervorgehoben, dessen Kasten von Schweizer Fichtenholz ist [3].

Wir kommen nun auf die mächtige Firma Broadwood and Sons. Dieses Haus bleibt seinen reiflich überdachten Grundsätzen treu. Es versucht alle Verbesserungen vorläufig in seinen Werkstätten, wendet aber nur dasjenige an, was sich nach sorgfältiger Probe bewährt hat und in dem Bereiche seines einmal angenommenen Systems liegt. Dahin gehört natürlich die den Bedürfnissen entsprechende stufenweise Vergrößerung des Instrumentes in allen Verhältnissen.

Die Besaitung der ersten Pianoforte's war eine sehr dünne, wenn man sie auch, mit der des Flügels (Harpsichord's) verglichen, für stark halten mußte. Diese Verstärkung war deßwegen zur Nothwendigkeit geworden, weil der Schlag des Hammers

---

[1] Vide pag. 37 über die Tafelfortepiano's.
[2] Vide pag. 54.
[3] Leider ist Collard's Fabrik gegen den 20. November ein Raub der Flammen geworden. 200 Claviere im Werthe von 20,000 Pfund sind vernichtet.

eine größere Kraft vorstellte, als das frühere Zupfen der Saite — der Kasten selbst erschien nicht größer (gegen die Mitte des vorigen Jahrhundertes) als jener des Flügels. Bis dahin begnügte man sich mit der durch den Schlag erhöhten Tonstärke; nach und nach entwickelte sich aber ein stets wachsendes Bedürfniß nach größerem Tone, weßhalb um 1790 die Besaitung ein größeres Caliber, der Corpus ein erweitertes Volumen erhielten. Die Anwendung eiserner Bögen lag sehr nahe, der größere benöthigte Widerstand gegen den Saitendruck führte von selbst darauf. Broadwood und Wilkinson wendeten sie zuerst an, und zwar an denjenigen Punkten, wo die Saitenvertheilung Zwischenräume gestattete.

Kaum gewöhnte sich jedoch das Ohr wieder an die größere Tonfülle, so stieg man mit den Mitteln hiezu und alle Neuerungen streben nach diesem Ziele. Kasten- und die Hammerconstruction wurden mächtiger — da die eisernen Bögen nicht mehr genügten, so wendete Broadwood schon im Jahre 1808 kurze Stahlstangen von sehr mäßigem Umfange an, und zwar im Anfange nur zwei, später bis auf sieben steigend. Stobart nahm im Jahre 1820 (wie schon früher erwähnt) ein Patent auf ein Verspreitzungssystem von eisernen Röhren, die parallel über die Saiten laufen und durch metallische Querstangen verbunden sind, wovon eine über den Stimmstock angebracht ist. Erard ließ sich 1824 auf ein theilweise verschiedenes System patentiren. Ebenso 1827 Broadwood, der dem obigen Systeme eine Metallplatte anfügte, an welcher die Saiten befestigt werden, und welche schon 1822 bei tafelförmigen Instrumenten von ihnen angewendet wurde.

Nach und nach kömmt dieses Haus davon zurück, so viel Metall dem Claviere aufzubürden, aus Gründen, wie ich sie schon früher entwickelt. In dieser Richtung hat der Erfindungsgeist genügenden Spielraum: entweder mit Beibehaltung dieses Systemes den Resonanzboden so frei als möglich für die Schwingungen des Tones ohne Gefährdung der Klangfarbe herzustellen, oder die Anwendung des Metalles auf das kleinste Maaß zurückzuführen, unbeschadet der Kraft des Tones und der Stimmhaltung.

Die Herren Broadwood haben ebenfalls im Baue des

Resonanzbodens neue, glückliche Verbesserungen angebracht, welche auf die Klangbarkeit der letzten Diskanttöne mächtig einwirken und dieselben als die schönsten der ausgestellten Pianoforte's anerkennen machten.

Die Regulirung des Saitenstegs so wie eine eigenthümliche Repetitionsmechanik [1]) sind ebenfalls von Broadwood gefunden oder verbessert und eingeführt worden.

Alle diese Verbesserungen und Erfindungen stellt nun diese Firma in 4 herrlichen Concertpianoforte's der öffentlichen Beurtheilung im Cristallpallaste aus. Alle haben sieben Octaven von G bis g. Wie schon früher erwähnt, ist die Verspreitzungsart bei selben verschieden. Im Ganzen sind nur 3 barres angewendet. Zwei dieser Claviere haben 3 parallel mit den Saiten gehende Verspreitzungen; beim dritten läuft eine parallel, die andere diagonal (also nur 2 Verspreitzungen), beim vierten eine parallel und zwei diagonal. Mit der über den Stimmstock angebrachten Querstange bildet letztere Disposition den Anblick von 4 ungleichen Dreiecken.

Was nun die Klangfarbe, den Ton betrifft, so erkläre ich Beides nochmals für das Schönste, was ich auf der Ausstellung vernahm. Der Ton ist mächtig, großartig, rund und doch der weichsten und zartesten Behandlung fähig. Die Ausgleichung ist auch ganz vorzüglich, die Mechanik vollendet und aller Ausdrucksarten fähig — mit einem Worte, es waren Meisterwerke, der höchsten Geltung würdig.

Und nun zu Erard, den hochberühmten unendlich thätigen, in Paris und London etablirten Pianofortefabrikanten, den ich deßhalb eben zuletzt nenne, weil durch ihn der beste Uebergang zur Abtheilung:

Frankreich

vermittelt werden kann. Seit 15 Jahren kenne ich seine Instrumente, habe sie auch von Thalberg, Lißt, Filtsch, Leop. v. Meyer u. M. öffentlich gehört, im J. 1845 sie in Paris viel-

---

[1]) Eine von Southwell erfundene ähnliche Vorrichtung, genannt: Victoria repetition, ist durch eine eigene vertauscht worden.

fach gespielt, in Wien an seinem Instrumente Schüler unterrichtet, eine Unzahl Nachahmungen unter den Händen gehabt, und jetzt in London mich vielfach mit dessen Clavieren beschäftiget. Diese persönlichen Beziehungen werden absichtlich erwähnt, um meinem Urtheile wenigstens gründliche Studien nachzuweisen und für selbes somit eine Berechtigung anzusprechen.

Was ich also früher [1]) über die verschiedenen Abstufungen der besten Meister, die auf der Ausstellung repräsentirt waren, behauptet habe, wiederhole ich nun mit dem redlichen Bewußtsein, der Wahrheit, die dem Künstler stets eine unantastbare Gottheit sein muß, ehrlich und offen ihr Recht widerfahren zu lassen. Denn nur auf diese Art wird der Kunst gefrommt.

Die Fabrik dieses großen Hauses wurde, wie schon bei früherer Gelegenheit erwähnt, von Seb. Erard gegründet. Sowohl in Paris als in London stellten sich seiner Unternehmung im Fortepiano- und Harfenbau Schwierigkeiten entgegen. Doch wer hat nicht diese zu überwinden? Statt daher ein wahres Genie zu unterdrücken, dienen sie nur dazu, dasselbe zu neuen Anstrengungen anzueifern und so erst recht die ergiebigen Quellen eigener Begabung aufzusuchen und ans Tageslicht zu fördern. Sicher ist es, daß man nächst den Lehrern am meisten von seinen Gegnern unterrichtet werde, was freilich nicht der letzteren Zweck gewesen.

Aus mehreren mir zugänglichen Brochüren über Erard's Fabrik und der Biographie Sebastian Erard's entnehme ich das Jahr 1788 als erstes Datum für ein patentirtes Pianoforte. Seit dieser Zeit ist daher das Haus Erard unausgesetzt thätig. Das Patent lautete: auf eine Verbindung des Pianoforte's mit dem Flügel und zwar durch eine Octavverbindung. Früher bauten Sebastian und sein Bruder Claviere (nach älterer Construktion) in den Ateliers, die ihnen von der Marquise von Villeroy in ihrem Hôtel eingeräumt wurden. Durch die Fortepiano's aber, die von den Vornehmen aus England nach Paris gebracht wurden [2]) angeregt, verlegten sie sich auf die Fabri-

---

[1]) Vide pag. 90.
[2]) Vor den Erard's waren die französischen Piano's nicht von der Art, um die Einfuhr aus England zu hindern. Man nennt blos als Notiz

kation derselben und zwar in kleinem Formate, zweisaitig und mit fünf Octaven. Diese Form wurde von ihnen allein in Paris verfertiget und doch erregte sie die Verfolgung der Zunft der Instrumentenmacher, die ihnen gewisser Formalitäten wegen, die sie vernachläßigten, die Fabrikation einstellen wollten. Durch die Gönnerschaft, die ihr Verdienst ihnen erworben, brachten sie es jedoch dahin, daß Ludwig XVI. ihnen ein eigenes Patent (vom 5. Februar 1785) verlieh, welches ihnen die freie, ungehinderte Ausübung ihres Faches gestattete. Sie wendeten zuerst bei ihren Dämpfern Kupferfedern an, statt der Wallfischstifte, die von den Engländern eingeführt, als weniger dauerhaft sich erprobten — die unbequemen Züge, die wie Register der Hand benöthigten, ersetzten sie durch Pedale's. Ihre auf diese Art gebauten Instrumente hatten einen großen Erfolg sowohl in Frankreich, wie in den Niederlanden und in Deutschland. Ein einziger Händler in Hamburg verkaufte im Jahre 1799 zwei Hundert solcher Instrumente.

Fünf Jahre verfertigten die Erard's tafelförmige, dreisaitige Pianoforte's mit Verbesserung der damals üblichen Hammermechanik und Erweiterung des Umfanges um eine halbe Octave im Discante.

Der rege Erfindungsgeist Sebastian Erard's beschränkte sich nicht blos auf Pianoforte's — er verband bei einem Instrumente mit 2 Manualen dasselbe mit der Orgel. Die Königin Marie Antoinette bestellte ein Aehnliches, wo zugleich eine Transpositionsverschiebung angebracht war, und zwar mittelst eines Schlüssels, der die Claviatur um einen Halbton höher oder niederer stellen konnte. Bei demselben Instrumente machte er auch seinen ersten Versuch der orgue expressif, an welcher der Druck des Fingers verschiedene Grade des Gefühlausdruckes wiedergeben konnte. Diese Neuerung führte er später im Großen aus, und zwar bei einer Orgel, die für die Capelle des Königs bestimmt war, und wovon Grétry in seinen Essais sur la musique mit Bewunderung spricht.

---

ein Clavecin à marteaux von M. de Virbés vom Jahre 1770, so wie ein Piano, welches mit Orgel verbunden schon 1772 von dem Instrumentenmacher de l'Epine verfertiget wurde.

Ein anderes Instrument, die Harfe, wurde von ihm auf eine Art verbessert, daß er daraus ein ganz neues Instrument schuf, es war nämlich die wichtige Erfindung des Pedales à double mouvement, wodurch die Chromatik des Instrumentes ermöglichet ist. Im Jahre der Erfindung verkaufte er für 25,000 Pfund Sterling in London Harfen.

Durch die französische Revolution nach London verscheucht, errichtete er 1794 ein ähnliches Etablissement in London, wie in Paris — im Jahre 1796 baute er, bei einer Anwesenheit in Paris, das erste große Pianoforte, doch war der Mechanismus noch schwerfällig, weßhalb er bedacht war, denselben leichter und den Spielern zugänglicher zu machen, was 1808 wirklich auch gelang. Dussek, der Sänger auf dem Piano, spielte darauf mit außerordentlichem Erfolge in den Concerten, die Rode, Baillot und Lamarre nach ihrer Rückkehr von Rußland im Odeon gaben [1]). Eine große Anzahl Patente wurde ihm in London und Paris ertheilt, drei goldene Medaillen bei Ausstellungen, so wie der Orden der Ehrenlegion belohnten seine Bestrebungen, denen es daher nicht an Aufmunterung fehlte. Endlich stellte er im Jahre 1823 das Modell des double échappement auf. Pierre Erard, der jetzige Besitzer der Fabriken in Paris und London, und Neffe von Sebastian, führte selbe in letztgenannter Stadt ein, wo im Jahre 1824 Liszt mit großem Beifalle dasselbe zum ersten Male öffentlich produzirte. Georg IV. ehrte Erard durch Ertheilung des Titels: Hofinstrumentenmacher. Erard Seb. erbaute ferner ein merkwürdiges Orgelwerk und erlag endlich seinen rastlosen Arbeiten im Jahre 1831.

Es gehört nicht hierher, eine genaue Beschreibung des von Seb. Erard erfundenen double échappement's zu geben, die ohne Zeichnungen nicht klar gemacht werden könnte. Zudem sind die technischen Ausdrücke, die eine dießfällige Erläuterung enthalten muß, nur dem Pianoforteverfertiger verständlich, der diese jedenfalls sinnreiche Erfindung, die nach erloschenem Pa-

---

[1]) 12 Jahre später spielten Moscheles, Herz, Liszt u. A. m. in ihren Concerten auf Erard's Piano's.

tente Gemeingut geworden, ohnehin kennt und sie schon häufig nachgeahmt hat.

Pierre Erard hat mehrere eigene Erfindungen denen seines Onkels zugefügt. Selbe bestehen in verschiedenen Befestigungsarten, die dazu dienen, den Saiten einen besseren Halt zu geben — so wie in Verspreizungsmethoden, die über den Saiten angewendet werden. Ferner hat er den hölzernen Stimmstock durch einen aus Kupfer ersetzt, in der Absicht, durch feste, der Temperatur weniger unterworfene Anhängpunkte der Saite eine freiere Schwingung zu verleihen. Die Saite selbst verfertigt er im Basse bei seinen neuesten Pianoforte's aus Stahl, welcher mit Messingdraht umsponnen ist. Da die früheren Saiten aus Kupfer der Oxydirung häufiger unterworfen waren, so sprangen sie auch sehr oft und verstimmten sich jeden Augenblick. Die Stahlsaite hingegen, wovon er nur eine für den Ton verwendet, sind leichter zu stimmen, widerstehen besser der Aenderung der Temperatur und haben einen vollen, starken Ton.

Die von diesem Hause in London ausgestellten Instrumente befanden sich in der englischen und französischen Abtheilung, mit Ausnahme des Prachtflügels, welches im Schiffe des Gebäudes auf einer Estrade prangt.

Eines von den zahlreichen exponirten Pianoforte's [1] zeichnet sich durch seine mehr als gewöhnliche Breite aus, welche um 6 Zoll die bekannten Verhältnisse übertrifft. Es hat 7 Octaven (von A zu A) und ist deßhalb breiter angelegt, um die Saiten etwas weiter von einander zu theilen und die Schwingungen der dieselben umgebenden Luftmasse dadurch mächtiger in Bewegung zu setzen.

Die kleinere Form des Pianoforte, bei uns Stutzflügel genannt, wird von Erard in England als Short-grand (ein gekürztes Großes) eingeführt, es hat ebenfalls 7 Octaven, und trotz der kürzeren Baßsaiten sind die beiden ausgestellten Flügel von klarem, vortrefflichen Tone.

---

[1] Im Ganzen sind es 12 Instrumente, nämlich 7 Pianoforte's, 1 Tafelförmiges und 4 Aufrechte. Der Werth derselben soll sich auf 150,000 Francs belaufen, kömmt also im Durchschnitt auf jedes 12,500 Francs oder 5000 fl. C. M.

Dasselbe ist auch der Fall mit einem tafelförmigen Piano (in der französischen Abtheilung), welches durch die Abrundung der rechten Winkel der Rücklinie eine graziösere Form erhält.

Die aufrechten Instrumente behaupten ihren bewährten Ruf, eines davon ist mit Repetitionsmechanik versehen, wie er sie bei großen Instrumenten anwendet.

Endlich befindet sich noch daselbst ein vortrefflicher großer Flügel mit einem Pedale, welches zwei Octaven Umfang hat.

Dasselbe scheint durch die Verbreitung der Compositionen Seb. Bach's entstanden zu sein, die ich zu meiner Freude in Paris vorfand. Mehrere Organisten, wovon einer (Meumann) in Erard's Atelier mir Bach'sche Pedalfugen meisterhaft vorspielte, verlegen sich ganz besonders auf den Vortrag Haendel's und Bach's. Musikhändler beeifern sich nicht allein, deren Werke neu zu verlegen, sondern ergänzen die deutsche Schule durch elegante Ausgaben von Phil. Em. Bach, Mendelssohn ec. Bei dieser Gelegenheit mag es mir erlaubt sein, im Rückblicke auf die englische Ausstellung zu erwähnen, daß viele Organisten auf den daselbst befindlichen Orgeln zuweilen meisterhaft Bach'sche und Mendelssohn'sche Orgelcompositionen vortrugen, welche den schmerzlichen Eindruck, den die Ouverture zur Gazza ladra, nebst einigen Polka's auf dem heiligen Instrumente gespielt, auf mich machte [1], nach und nach zu verwischen im Stande waren.

Und nun wieder zu den französischen Claviermachern.

Henri Herz, der bekannte Clavierkomponist, hat, gleich Kalkbrenner und Pleyel vor ihm, ebenfalls eine Clavierfabrik errichtet, aus welcher ein großer und ein Stutzflügel, so wie ein „Piano-éolién" zur Ausstellung gesandt wurden.

Die beiden ersten sind nach einem Systeme erbaut, für welches Joh. Jac. Goll schon im Jahre 1822 [2] in Wien pa-

---

[1] In der Ausstellung, wo Geldinteressen und Gefallsucht ihr Spiel trieben, war schon dieser musikalische Scherz (so kann ich ihn nur nennen) empörend, was soll man aber von den italienischen Organisten sagen, die den heiligen Gottesdienst durch solche Bübereien entweihen?

[2] Vide p. 28.

tentirt wurde, nach welchem der Resonanzboden über den Saiten angebracht ist. Die Mechanik ist die Streicher's und Pape's, nämlich mit Hammerschlag von Oben, doch ist selber nicht sichtbar, da der Resonanzboden die Besaitung bedeckt. Vielerlei Unzukömmlichkeiten haben damals Goll's Erfindung scheitern machen. Der Schweizer Claviermacher Klepfer verbesserte seines Landsmann's Goll System und etablirte sich 1824 in Paris. In den Dreißiger Jahren associrte er sich mit Herz, dem damals beliebtesten Pianisten und Lehrer, doch schienen ihre Unternehmungen nicht von günstigem Erfolge begleitet zu sein, weßhalb Herz allein das Fabriksgeschäft betrieb. Von dieser Einrichtung des umgekehrten Resonanzbodens hat eigentlich der Stimmer die Unbequemlichkeit allein auszustehen. Bei dem großen Piano hat Herz die Saiten schief gelegt, was neu ist, der Flügel bildet ein Dreieck, die lange Kastenwand ist rechts vom Spieler.

Das Piano éolién hat eine besondere Vorrichtung für das Anschwellen und Aushalten des Tones. Sie besteht ganz einfach in der Anwendung eines Luftzuges, welcher unmittelbar nach dem Anschlage auf die Saiten wirkt, deren Schwingung er verlängert und eine der äolischen Harfe ähnliche Wirkung hervorbringt. Für diesen Zweck ist jeder Saite gegenüber eine Oeffnung angebracht, durch welche vermittelst eines Blasebalges ein Luftstrom geht und zwar in dem Augenblicke, wo eine mit dem Tone correspondirende Klappe durch den Anschlag selbst geöffnet wird. Die Bälge werden durch Pedales, wie bei der Physharmonika in Bewegung gesetzt. Der Ton klingt so lange, als die Klappe offen steht und schwellt oder nimmt ab durch die Behandlung des Pedales. Die Saiten sind, wie bei gewöhnlichen Clavieren, an beiden Enden befestiget und vertreten hier die Stelle der Windröhre der genannten Physharmonika, ohne jedoch, wie bei ihr, frei zu stehen. Diese Vorrichtung hat den besonderen Vortheil, daß beide Töne — der angeschlagene und der durch den Wind erzeugte, im vollkommenen Einklange bleiben.

Die Anwendung des Windes auf die Saiten und deren Schwingungen ist übrigens schon vor 62 Jahren in Paris versucht worden und zwar von dem deutschen Instrumentenmacher

Schnell [1]) im Jahre 1789. Eine zufälligerweise an freier Luft hängende Harfe gab ihm die Idee dazu. Er mußte 4 volle Jahre daran arbeiten, bis er zu dem Resultate gelangte. Sein Instrument wurde von ihm Anemo-Corde genannt. Nachdem dies Instrument ganz Paris bewundert hatte, auch die ehrenvollsten Zeugnisse von den Akademien der Künste und Wissenschaften in seinen Händen waren, so ließ ihn die Königin ersuchen, daß er es um den Preis von 100,000 Livres und eine besondere Gratifikation von 50,000 Livres, bis auf ruhigere Zeiten für sie aufheben möchte. Doch zerstörte die Revolution mit ihren Gräueln alle seine Pläne und Aussichten, mit genauer Noth rettete er sein Leben und 1795 sein Instrument, welches er um 6000 fl. vergebens ausbot. 1799 produzirte er es mit vielem Beifalle in Wien und es wurde zuletzt von ihm 1803 nach London verkauft. Nach anderen Nachrichten soll er es 1811 wieder in Wien produzirt haben, wobei Hummel eine wundervolle Improvisation, die dem Character des Instrumentes entsprach, darauf vortrug.

Der Mechaniker Isoard brachte bedeutende Verbesserungen an Schnell's Erfindung an, er ist es, der für dieses Instrument sich mit Herz verband. Seine früheren Versuche bestanden in einem Violon-éolique und einem Éolicorde, die ihn zuletzt schon vor 10 Jahren zu dem heutigen Resultate führten. Doch waren um diese Zeit mehrere Unvollkommenheiten im Wege, die er 1844 glücklich gelöst hat.

Herr Henri Pape [2]) gehört unstreitig zu den thätigsten und erfindungsreichsten Claviermachern, der sowohl in Bezug auf die äußere Form (z. B. achteckige Claviere, Consols ꝛc.) so wie auf den inneren Mechanismus eine Unzahl von Neuerungen, welche er alljährlich zu verbessern strebt, ans Tageslicht gefördert hat. Schade, daß Eine die Andere verdrängt und somit ein eigentlich entscheidendes Urtheil unmöglich macht, indem Herr Pape selbst, durch fortwährende Aenderungen, erst später wohl ein bleibendes Resultat erlangen wird, welches wir von ganzem Herzen wünschen.

---

[1]) Geb. 1740 im Würtembergischen.
[2]) Aus Schwaben, seit 1815 in Paris etablirt.

Leider waren die Instrumente auf der Londoner Ausstellung verschlossen, so oft Andere und ich dieselben untersuchen wollten. Mein hier angeführtes Urtheil gründet sich auf die vielen Claviere des Herrn Pape, welche ich bei meinem früheren Aufenthalte in Paris in seinem Atelier zu sehen Gelegenheit hatte, und von deren Verschiedenheit der Construction folgende Arten bei Pariser-Ausstellungen vorkamen:

[1]) Piano à queue à 8 octaves.
,, ,, petit format.
,, ovale nouveau.
,, table, 80 notes (von C bis G).
,, héxagone, à 6 octaves et démie.
,, console à 7 octaves.
,, console, 94 notes.
,, vertical, nouveau modèle.
,, vertical organisé.
[2]) ,, sans cordes, uni à une séxaphine.
,, sténographe.
,, avec un orgue.
,, oblique.

Herdeng aus Angers und Aucher in Paris, haben manche Holzarbeiten im Claviere durch Eisen ersetzt, jedoch ohne besondere Erfolge, da nebst mehreren anderen Unzukömmlichkeiten die Einwirkung der äußeren Temperatur sich störend erweist. Die Instrumente des Letzteren sind auch zum Transponiren eingerichtet.

Soufleto und Kleinjasper zeichnen sich durch äußere Eleganz und angenehmen Ton aus, so wie Mercier [3]) durch die Klarheit desselben hervortritt, jedoch im Anschlage Manches zu wünschen übrig läßt. Bei einem seiner zwei ausgestellten aufrechten Piano's hat er einen zweiten Resonanzboden angebracht, welcher den Zweck hat, durch die Verbindung vermittelst eines Conductor's mit dem Ersten den Ton zu verstärken. Gleichen Zweck

---

[1]) Großer Flügel.
[2]) Flügel ohne Saiten, vereinigt mit einer Physharmonica.
[3]) Siehe p. 92. Addisson.

und Mechanismus wendet van Overbergh an, doch ist sein System der Verbindung beider Böden auf falsche akustische Grundsätze gebaut, daher ohne Erfolg in der Ausführung.

Franche hat die 2½ Octaven in der Höhe mit 4 Saiten versehen, die Mechanik des double échappement's mit Erfolg vereinfacht, und die Dämpfung getheilt, wodurch nur eine Abtheilung des Clavieres nach Willkür mit oder ohne Pedale klingt, was übrigens bei uns schon vor vielen Jahren hie und da gemacht wurde.

Doményi verbindet mit seiner Clavierfabrikation auch die der Harfe. er hat die große Spannkraft der Besaitung durch einen compensirenden Gegenzug zu mindern gesucht. Dasselbe ist bei Colin der Fall, dessen Corpus ein Verspreizungssystem in gerader Richtung aufweiset.

Bord aus Bordeaux, jetzt in Paris etablirt, hat ebenfalls wie Franche bei einem Claviere eine vierfache Besaitung, so wie eine eigene Art Repetitionsmechanik angebracht. Vor 25 Jahren hat Conr. Graf in Wien den vierfachen Bezug angewendet, jedoch ohne sonderlichen Erfolg. Die Stimmung ist erschwert, die Mechanik selten zum gleichmäßigen Anschlag der 4 Saiten gleichzeitig geeignet, zudem ist durch die Vermehrung der Besaitung die Sonorität vermindert. Bord arbeitet ferner dahin, die Claviere billiger herzustellen, ein großes Instrument kostet 1900 Francs = 760 fl. C. M., ein Stutzflügel 1600 Francs = 640 fl. C. M. (mit 4 Saiten) ein Aehnliches dreisaitiges 1400 Francs = 560 fl. C. M. und kleine Form 1300 Francs = 520 fl. C. M. Vergleiche ich diese Instrumente mit den Unsrigen gleicher Preise, so kann ich nur recht stolz auf unsere Industrie sein.

Der blinde Montal[1]) ist als Erfinder und geschickter Claviermacher in Paris wohl bekannt, da er 8 verschiedene Preismedaillen im Verlaufe mehrerer französischen Ausstellungen erhielt, deren Jury's 3 nachgewiesene Verbesserungen am Claviere besonders hervorgehoben haben. Auf der Pariser Ausstellung 1845 hatte er 7 Pianos, worunter zwei große mit Transpositions- und

---

[1]) Siehe Notice biographique sur Claude Montal par M. Guadet. Paris 1845. Fain.

Repetitionsmechanik, ein Aufrechtes: transpositeur, ein Gleiches mit double échappement, und 2 Tafelförmige mit derselben Mechanik. Gewiß ist er der Erste, der am aufrechten Piano die doppelte Auslösung eingeführt hat. Auch ist sein System der Transpositionsmechanik von eigener Erfindung, nach welcher die Versetzung durch einen Hebel vermittelt wird, derselbe fällt nach seiner Auslösung auf die Nachbarsaite. Das was Mercier zuerst angewendet, Addison auf der Londoner Ausstellung, jedoch unvollkommen geboten, hat Montal als gelöstes Problem dargestellt. — Von seinen 4 aufrechten Piano's sind Alle mit dieser Vorrichtung versehen. Seine compensirende Gegenkraft gegen den ungeheueren Saitendruck ist auch von eigener Erfindung, die später allgemein verbreitet sein wird. Ein Pedale eigener Art ist ebenfalls an seinen 4 Pianino's angebracht, welches ich an den Wiener Instrumenten noch nicht gesehen habe. Ich fand es jedoch in London ziemlich häufig vor, namentlich an Stodart's Square so wie an ähnlichen Instrumenten der amerikanischen Abtheilung. Dieses Pedale, welches das Piano im Spiele hervorzubringen bezweckt, erniedrigt die Gesammtclaviatur, wodurch die Armee der Hämmer den Saiten sich nähert, und auf diese Art jede Gewaltanwendung nutzlos ist. Die Klangfarbe erhält eine interessante Mischung und mit unserer Dämpfung vereinigt bietet sie neue Effecte.

Das Piano der Association égalitaire et fraternelle hat ein vielversprechendes Aeußere, desgleichen Titel — über das Weitere wollen wir schweigen.

Zeiger aus Lyon hat ein aufrechtes Pianino mit der Octavcoppelei, einer Vorrichtung, die Streicher in Wien vor 15 Jahren besser angewendet hat.

Roller & Blanchet, eine alte bewährte Firma, gilt als diejenige, die das aufrechte Clavier in Frankreich eingeführt hat. Ihre Ausgleichung, so wie einzelne Verbesserungen sind mir an ihren Londoner Instrumenten aufgefallen.

Jaulin verbindet die Orgel mit dem Piano unter dem Namen: Panorgue-Piano. Das Clavier mit seiner Tastatur ist von Blondel. Die Claviatur der Orgel ist unter jene des Clavieres gestellt, sie kann daher jedem anderen Piano zugefügt werden, ohne daß Letzteres geändert werden müßte. Auch ist diese

Verbindung sehr schnell hergestellt, wobei das Clavier nicht zum Orgelmacher zu senden ist. Eine einfache Orgel kostet 330 Francs, dieselbe aber um 100 Francs mehr, wenn sie zur Anhängung an das Clavier eingerichtet wird.

Und nun noch einige Worte über ein Instrument von Debain, welches unverdientes Aufsehen gemacht. Er nennt es Piano mecanique, weil er es mit einer Vorrichtung, gleich den Orgelwalzen versehen hat, die an der oberen Fläche, dem Aufsatze des aufrechten Formates, durch Drehen einer Kurbel, alle Stücke zu Gehör bringt, die auf flachen Bretchen markirt sind; diese Bretchen müssen jedoch stets durch andere ersetzt werden, wodurch die Länge des Stückes eine unbegränzte wird. Die auf diesen Bretchen befindlichen Stiftchen setzen den betreffenden Hammerstiel in Bewegung. Dieser Apparat ist auch für die Orgel anwendbar. Die Erfindung jedoch ist nicht neu. Longman und Butes in London haben zuerst den Versuch damit gemacht, welcher später im Jahre 1849 von Rolfe & Söhnen mit wirklich künstlerischer Vollendung verbessert, weit hervorragender als der jetzige von Debain auf der Pariser Ausstellung glänzte.

Wenn es möglich wäre, eine allgemeine Uebersicht des Tones und Anschlages der englischen und französischen Instrumente zu formuliren, so würde ich den Ton der englischen Instrumente für gleichmäßiger, selbst bei verschiedenen Graden von Güte verschiedener Claviere halten. Der Ton der französischen Instrumente ist, wenn er so wie die Spielart mit dem englischen verglichen wird, nicht so characteristisch, er ist verschieden, kürzer, durchdringender, frappanter und erfordert eine eigenthümliche Behandlung, um ihn gehörig heraus zu bringen. Dagegen muß der Anschlag bei den englischen Clavieren genau und vorsichtig sein, die besseren unter ihnen geben sodann einen weichen, vollen und dauernden Ton. Es wunderte mich aber gewaltig, in der englischen Abtheilung Instrumenten zu begegnen, die bestimmt den Preis erhalten hätten, wenn man einen solchen für die Schlechtesten ausgeschrieben hätte. Ein Instrument, welches im Salon d'exposition paradiren oder nur zugelassen sein will, soll ebenfalls, wie die pedantische Anforderung von Menschen verlangt, gentlemanlike sein, d. h. einen gewissen Grad von Anstand besitzen. Die Franzosen hatten durchweg in dieser Beziehung gute

Instrumente geliefert, keines, selbst minderer Gattung, verletzte das musikalische Ohr, und dieser Umstand, so wie manches schon Angeführte, führen zu dem Schlusse, daß die Fabrikation der Claviere zweiten und dritten Ranges in diesem Lande eine weit bessere und solidere Richtung genommen als in England.

Hiemit haben wir die Beschreibung der Claviere aus jenen Ländern geschlossen, welche dem prüfenden Blicke sich in aller Vollkommenheit zeigen konnten. Die Engländer waren zu Hause und ihre mannigfache Thätigkeit in Geltendmachung der einzelnen Vorzüge unausgesetzt in Bewegung. Das benachbarte Frankreich ließ es ebenfalls an Anstrengung nicht fehlen — es benahm sich wie zu Hause, obwohl es im Lager seines Rivalen sich befand. In 11 Stunden konnte man von Paris in London sein, was Wunder also, daß nicht allein das Beste, was Frankreich in der Industrie leisten konnte, förmlich zum Kampfe herausfordernd bereit stand, sondern auch im hellsten Schmucke glänzend von seinen Landsleuten auf das energischeste vertreten war. Sie betrachteten sich wie im Kriegszustande, jeder Schein von unbedeutender Zurücksetzung wurde mit einem schreienden Halloh zurückgewiesen, Alles, was eigenes Product war, ohne Unterschied bis in den siebenten Himmel erhoben, und daher nicht immer bonissima fide — denn für Manches wurde von ihnen die höchste Anerkennung nur deßhalb verlangt, um dem nicht geliebten Nebenbuhler wieder ein Bischen Terrain abzugewinnen. Seit Waterloo war dieß der erste Kampf, wenn auch auf anderem, doch eigentlich auf dem für England empfindlichsten Schlachtfelde. Der Zänkereien, Austrittsdrohungen ꝛc. war kein Ende, und wirklich hat dieses lärmende Kriegsmanöver den Feind zuweilen überdrüssig gemacht, er erschien nicht mehr vollzählig in den Berathungen, und bei einer derselben, wo er gegen die Franzosen in bedeutender Minorität sich befand, überstimmten Letztere ihre Gegner und brachten, in der Clavierfrage wenigstens, ein Resultat hervor, welches in der Geschichte der Jury's ohne Beispiel ist.

Alle diese Intriguen, fein von der einen, impetuos von der anderen Seite angelegt, kamen der österreichischen Ausstellung nicht sehr zu Statten. Trotz der günstigsten öffentlichen Meinung, trotz der wärmsten Anerkennung, die selbst einflußreiche Mitglieder der Jury zu mir ausgesprochen, ist das Verhältniß der Preise für unsere Gesammtausstellung kein gerechtes. Was nun immer der Grund dazu sein mag — ob die ungeheuere Masse der Gegenstände (eine Million), die der Beurtheilung unterlagen — ob menschliche Fehlbarkeit — ob vielleicht die nicht große Liebenswürdigkeit unserer nicht österreichischen Stammgenossen — ob die übergroße Bescheidenheit unserer Vertreter — ob vielleicht der Neid über eine unerwartete Industriegröße ersten Ranges — ob hauptsächlich die nicht zweckmäßige Einrichtung der Jury — und ob zuletzt nicht alle diese Umstände zusammen so vieles Tüchtige übersehen ließen — will und kann ich nicht mit Gewißheit bestimmen, doch komme ich nochmals darauf zurück, daß die Folgerungen dieser Beurtheilung diesen Einfluß nicht haben sollen und werden, den die Unpartheilichkeit stets gewährt. Wir Deutsche mögen aber daraus die Lehre ziehen, daß festes Zusammenhalten in der Kunst und Industrie so wie in vielen Lebensfragen allgemeineren Nutzen gewähre, als kritisches Zerfasern der gewöhnlich höheren einheimischen Leistungen, die bei uns zuerst am heftigsten angegriffen werden. Wir verschwenden (wenigstens in der Kunst) mehr Geist und energische Thätigkeit dazu, um uns selbst in unseren großen Männern zu verkleinern, als es in geringerem Maaße hinreichte, schädliche Einflüsse von Außen abzuhalten, denen diese deutsche Zersplitterung zu Guten kömmt. Ich frage als Künstler und fordere alle Jene auf, denen die musikalische Kritik seit 30 Jahren in Deutschland bekannt ist, mir ein dementi zu geben, ob nicht bis auf den heutigen Tag mehr gegen Weber, Mendelssohn und Meyerbeer geschrieben, gespottet, ja in letzter Zeit mit Frechheit gehöhnt wurde, als eben nothwendig gewesen wäre, mit der Hälfte dieser Geistesthätigkeit vieles Flache, Schädliche, Verderbenbringende in der Kunst abzuwehren! Dieser Erbfehler der Deutschen ist den Fremden wohlbekannt und wird sie immer ermuthigen, Gutes, welches wir leisten, herabzusetzen, weil sie überzeugt sein können, unter unseren eigenen Landsleuten welche zu finden, denen das Freude macht, ja die ihnen dazu noch behülflich sind!!

Oesterreich.

Nach obiger schmerzlichen Betrachtung, woran unser Oesterreich noch den wenigsten Theil hat, kehren wir zum Claviere zurück.

Die Fabrikation derselben, ein Stolz unserer Industrie, war zu schwach in London vertreten. Das, worin wir alle übrigen Länder übertreffen, konnte und durfte bei der Preisbeurtheilung, ja sogar bei der Ausstellung nicht zur Geltung gelangen — die Billigkeit der Erzeugung nämlich, und das hat Viele leider abgehalten, auszustellen; dasselbe war der Fall bei unserer ausgezeichneten Wagenindustrie u. A. m.

Ich habe unsere Claviere viele, viele Male gespielt, und die mich umgebenden Hörer mit den Vorzügen unserer Industrie bekannt gemacht. Die gewöhnlichen Fabrikspreise, um welche ich befragt wurde, erregten vielseitiges Staunen, und manches Portefeuille wurde geöffnet, um sich Notizen zu machen. Die meisten Pianisten, die ich an unsere Instrumente führte, sprachen sich sehr lobend über Pottje und Schneider aus, interessirten sich für die sinnreiche Erfindung Hora's, und lobten die Eleganz und Zierlichkeit des Tones in Seuffert's Pianino. In der Stimmung hielt sich Pottje vortrefflich, und da im Anfange die Stimmer beinahe nur mit englischen und französischen Piano's sich beschäftigten, so nannte man das Clavier von Pottje beinahe als das Einzige, welches unter den deutschen Instrumenten zu spielen war.

Hora, Besitzer der goldenen Medaille, stellte ein nach demselben Principe gebautes Instrument aus, welches 1845 auf der Wiener Ausstellung zu sehen war. Er ersetzt nämlich die verkürzten Saiten durch klangbare Metallplatten, an die sie geheftet sind und deren Vibration die der Saite verstärken soll.

Seuffert hat ein wunderschön verziertes Pianino ausgestellt, dreisaitig, von vortrefflicher Mechanik und mit einer Transpositionsvorrichtung versehen, welche durch Drehung der an der rechten äußeren Claviaturbacke befindlichen Schraube nach rechts oder links mittelst des beigegebenen langen Stimmschlüssels die Claviatur unter andere Hammerkopftheile verschiebt, wodurch beim Anschlagen derselben Taste der höhere oder der tiefere

Ton erklingt. Damit jedoch nicht weiter verschoben wird als unbedingt nöthig ist, so sind an der inneren Claviaturseitenbacke erhabene gelbe Stifte angebracht, welche die richtige Stellung der Claviatur dadurch anzeigen, daß auf jeder Seite gerade die Hälfte des gelben Knöpfchens sichtbar sein muß.

Ich hätte gewünscht, daß man die äußere Form so einfach als möglich gelassen hätte. Eine noch so große Pracht wurde auf der Ausstellung doch übertroffen, und die Einfachheit hätte im österreichischen Cataloge, der gegen Ende July d. J. mit Angabe der Preise erschien, die Kaufsumme in einer auffallenden Billigkeit dargestellt.

Es ist nun an unsern Instrumentenmachern, bei der künftigen österreichischen Ausstellung sich auf das lebhafteste und sorgfältigste zu betheiligen. Oesterreichs Industrie hat sich eine solche Weltstellung erworben, daß von weit und breit, aus allen Ländern Kenner und sachverständige Neugierige hieher kommen werden, um unsere Leistungen zu prüfen und zu beurtheilen.

Unser Publikum, namentlich das clavierkaufende, soll die gewaltigen Preisunterschiede unserer und der französisch-englischen Fabrikate wohl erwägen, ehe es sein Urtheil fest stellt. Mit der vollsten Ueberzeugung kann ich zwei Resultate der in London gemachten Erfahrungen aussprechen,

1. daß es nicht gleicher Preise wie in England und Frankreich bedarf, um unsere Instrumente mit jenen obiger Länder vollkommen zur Concurrenz zu befähigen, und
2. daß diese Länder nicht im Stande sind, solche Instrumente, wie die unsrigen, zu liefern, wenn sie dafür nur unsere Preise nehmen müßten. (Ein überaus wichtiger Umstand von großen Folgen!)

Sollte wirklich ein Wettkampf möglich werden, so würde ich sogar unsere etwas billigeren Herstellungskosten nach einem richtigen Maßstab für jene Länder erhöhen, dagegen kommen fremde Hölzer, Elfenbein und Besaitung ihnen wieder billiger — die Valutaverhältnisse sind uns andererseits ungünstig. Im Hin- und Herrechnen würde sich nur ein ganz kleiner Unterschied auffinden lassen, der bei einem streng gerechten Vergleiche im Preise zugestanden werden müßte, was etwa 6 bis 8 Procente der Wiener Kaufsumme betragen würde.

Die englische Ausstellungscommission hat daher sehr zu Gunsten ihrer Industrie festgestellt, daß die Preise bei der Beurtheilung der englischen Ausstellungsgegenstände ganz unbeachtet bleiben sollten.

Und selbst bei zugestandener momentaner Superiorität ist das Urtheil deshalb noch nicht geschlossen. Ich will dieses durch ein Beispiel, welches unserem Gegenstande nahe liegt, erörtern: Ein sehr talentvoller Clavierspieler, dessen Ausbildung noch nicht vollendet ist, kann nach dem Urtheile von Kennern eine viel günstigere Zukunft versprechen, als Mancher, der schon Concerte gibt und sogar Beifall geerntet hat. Setzt der Erste seine Studien ununterbrochen fort, so wird ihm dieses Ziel gewiß sein. Daß bei uns viel Talent herrscht, hat noch Niemand geläugnet — daß rastlos gearbeitet und fortgeschritten wird, habe ich weitläufig genug im Verlaufe meiner Darstellung dargethan — daß wir mit **unseren Kräften**, nicht mit fremden, arbeiten, ist auch sehr leicht zu erforschen — es wird daher die Zeit nicht mehr fern sein, wo die Clavierkrise zu unseren Gunsten sich entscheiden wird, ja dieses wäre schon längst der Fall gewesen, wenn die relativ geringen Preise nicht hemmend entgegen träten. Doch kann der Erfindungsgeist dieses Hinderniß vielleicht überwältigen, ist ja schon die Saitenfabrikation, so wie die Ausgleichung bei unseren Clavieren die vollendetste unter Allen, weiteres Streben kann daher mit der Zeit zu ähnlichem Fortschritte im Baue des Clavieres führen.

Nach genauer Berechnung dürften zwei Drittel der Preise der englischen und französischen Instrumente, die man für unsere Claviere zahlen wollte, schon jetzt genügen, die Concurrenz siegreich zu bestehen; freilich müßte eine hinlängliche Zahl von Bestellungen vorhanden sein, um die Kosten für die Anlage einer complicirteren Fabrik zu decken. Fétis stimmt mit dieser Ansicht in so fern schon überein, als er in der Massa die englische Fabrikation ihres Strebens wegen, billigere Claviere zu erzeugen, den französischen nachstellt. Er meint, es geschähe auf Kosten der Güte des Instrumentes. Meine Wünsche, die ich Seite 72 ausgesprochen habe, bezeichnen nicht den geringeren Anschaffungspreis, sondern vielmehr die längere Dauer des Clavieres als die zweckmäßigste Art der Billigerwerbung.

Nicht geringen Werth lege ich noch auf den bekannten Umstand, daß das musikalische Element bei unseren Fabriksherren und selbst bei unseren Arbeitern viel ausgebildeter als in jenen Ländern sich vorfindet, in welchen ebenfalls deutsche Arbeiter zu vielfach verwendet werden, als daß wir ihre jetzige Vortrefflichkeit etwa einer nationellen bevorzugten Befähigung zuschreiben könnten.

Ich kann mich zum Schlusse nicht enthalten, aus einem mir so eben zugesandten Werke eine Stelle anzuführen, die meine Ansichten, wie ich sie über den Ton des Clavieres Seite 68, 74 und 76 ausgesprochen, so wie meine Meinung über die Wiener Instrumente bestätiget, was mich um so mehr befriediget, als ich mit dem Autor nie in irgend einem Verkehre gestanden; diese Schrift heißt: Geschichte der Musik in Italien, Deutschland und Frankreich. Von den ersten christlichen Zeiten bis auf die Gegenwart; Vorlesungen, gehalten in Leipzig von Franz Brendel, Leipzig 1852 bei Bruno Hinze. Die erwähnte Stelle [1] lautet buchstäblich folgendermaßen: "Was Pianoforte betrifft, so "strebte man zugleich nach immer größerer Massenhaftigkeit, nach "immer größerer Fülle des Tones. Die früheren Wiener Instru"mente besaßen einen noch ziemlich kleinen, etwas spitzen, aber "überaus poetischen Ton. Jetzt sind die Instrumente mit "englischer Mechanik zur Herrschaft gekommen; hier ist der Ton "größer, voller, aber zugleich auch prosaischer. Dem Character "der Instrumente entsprechend hat sich das Spiel verändert; wir "haben jetzt eine orchestermäßige Behandlung des Pianoforte's, "die Hauptsache ist, einen möglichst starken Ton herauszuschlagen. "Es sind außerordentliche Fortschritte gemacht worden, aber diese "waren zugleich nicht frei von nothwendig damit verbundenen "Rückschritten. Der echte, gesunde Pianoforteton ist seltener ge"worden, es sind eine Menge Extravaganzen in das Spiel ge"kommen, von denen die frühere Zeit frei war. Vom Gesange "gilt Aehnliches, nur daß hier im Ganzen mehr Rückschritte als "Fortschritte gemacht sind, und man sich darum zu Zeiten ver"sucht fühlt, diese Kunst unter die verloren gegangenen zu zäh-

---

[1] Pag. 524 des angezeigten Werkes.

„len. Ich kann diese Erscheinungen hier nur berühren, ohne mich
„ausführlicher darauf einzulaffen. Erwähnen muß ich jedoch, daß
„ein gesunder Ton, wie auf dem Pianoforte, hier seltener ge=
„worden ist."

Zollverein und Hamburg.

Dieselben haben sich, was Clavierfabrikation betrifft, auch
nicht stark an der englischen Ausstellung betheiliget, woran zum
Theil auch die Härte des deutschen fashionablen Kaufpublikums
Schuld ist, welches bereitwillig die größte Summe an frembländ=
isches Fabrikat verschwendet, für das Einheimische aber die bil=
ligen Preise schwer zu zahlen sich entschließt. (Leider ist es so!)
Dieses Aufgeben eigenen Verdienstes, dieses servile Unterordnen
unter geringere Leistungen hat mich selbst in England widerlich
berührt; der Engländer, wenn er den Continent besucht, hat
sein: nil admirari (Nichts bewundern zu wollen) stets vor Au=
gen, während es einen unangenehm=possirlichen Eindruck machte,
viele Deutsche emphatisch Gegenstände loben und preisen zu se=
hen, die offenbar in eigenem Lande besser verfertiget werden. Mit
einer wirklichen schaafsmäßigen Demuth ordnet er seine tüchti=
gen Kenntnisse englischem Speculationsgeiste unter, der ihn dann
tüchtig auszubeuten versteht. Tritt in England ein Fremder als
Erfinder auf, so werden ihm lockende Anerbietungen gemacht [1]
und es vergeht nicht lange Zeit, so ist der fremde Name aus
der Firma verschwunden und durch einen von echt englischer Ab=
stammung ersetzt. Diesen Landesstolz kann ich nur, im Gegensatze
zum Tadel für eigene Fehler, höchlich loben, wenn ich es auch
seufzend thue — er ist patriotisch und senkt in des Engländers

---

[1] Die englischen Industriellen sind mit solchem praktischen Verstande aus=
gerüstet, daß sie sogleich, ohne geringster Eigenliebe erkennen, wo und
in welchem Punkte sie übertroffen werden. Nur posaunen sie diese ihre
Inferiorität nicht aus, sondern trachten, durch den Vortheil angestachelt,
das Fehlende sich anzueignen, ja, das Gesammte in der Folge noch zu
übertreffen. Trotz unserem Unterordnen unter fremde Leistungen ist die=
ses nur beim Publikum der Fall, leider kann ich dieses von vielen In=
dustriellen aber nicht bestättigen, bei denen im Gegensatze zu den Eng=
ländern die Eitelkeit auf Kosten des reellen Vortheiles häufig genug die
geringere Leistung überschätzt, und dadurch das Fortschreiten hindert.

Brust nach und nach ein Gefühl von Selbstvertrauen, welches ihn in der Industrie zu großen Erfolgen geführt hat. Es tragen aber auch alle Schichten der Gesellschaft in England dazu bei, um die nährende, bereichernde Industrie zu heben und blühend zu erhalten. Ein eigenes Beispiel habe ich selbst mit erlebt. Madame Parish=Alvars gab ein Concert in den Salon's einer reichen, vornehmen Dame Miß H., ihrer Gönnerin. Dieselbe besitzt ein älteres englisches Instrument, wobei zur ausdrücklichen Bedingung der Ueberlassung der Localitäten festgestellt wurde, daß der mitwirkende Pianist sich keines anderen bedienen dürfe. Herr Krüger, der sonst auf Erard zu spielen gewohnt ist, unterzog sich dieser Bedingung, um die Concertgeberin nicht in Verlegenheit zu setzen, und komischer Weise wurde eine durch die Hitze und den ungewohnten Anschlag gesprungene Saite von dem als Zuhörer gerade anwesenden Herrn Erard aufgezogen.

Sollte denn, um Gotteswillen, nicht ein Preis ausgeschrieben werden, für das beste Mittel, unseren Nationalstolz zu heben?

Wie schon bei früherer Gelegenheit bemerkt wurde, sind die meisten Claviere des Zollvereines Nachahmungen von Erard[1] u. A., selbstständige Richtungen verfolgen nur Wenige, doch ist im Ganzen gegen die frühere Zeit, in welcher ich die Zollvereinsclaviere bei einer Ausstellung in Dresden und bei mehreren Reisen kennen lernte, ein sichtlicher Fortschritt bemerkbar.

Der Clavierbau ist nicht zu beurtheilen, wie man etwa eine Composition betrachtet; Letztere soll immer Neues enthalten, Ersterer hingegen hat seinen Zweck vollkommen erfüllt, wenn er dauerhaft, klangvoll 2c. wie all' die guten Eigenschaften der Claviere heißen, gefunden wird. Natürlich nehme ich hievon die Be=

---

[1] Nach Fétis wurde Broadwood nachgeahmt von Bessalié, Dörner, Schiedmayer, Lipp 2c.
Collard von Zeitter und Winkelmann.
Wornum im aufrechten Piano von Schiedmayer, Hornung 2c.
Erard von Gebauhr, Klems, Breitkopf (zum Theile), Hüni & Hubert 2c.

lohnung durch Preis oder Council-Medaillen aus, die, wie wir schon früher gesehen haben, nur auf Neues gehen — sollen.

Leider waren die deutschen Instrumente von einander getrennt, man konnte daher nicht eigentlich bestimmen, welches darunter das Beste sei. Mir erschienen die Pianoforte's von Breitkopf und Härtel, Schiedmayer, Gebauhr und Westermann als vorzüglich, so wie mir die Tafelförmigen von Lipp und Dörner durch ihre Güte aufgefallen sind. Als Verbesserungsversuch wurde Bessalié genannt — von den rheinischen Instrumenten lobt man einen Concertflügel von G. Adam, so wie ein Pianino desselben. Scheel aus Cassel lieferte auch ein gutes Pianoforte, nur mit etwas dumpfen Tone, die Mechanik bei Dörner's Tafelpiano hat einen eigenthümlichen Bau, eben so findet ein Gleiches Statt bei Heitemayer aus Münster. Zeitter, unter dem Namen Dirr den Wienern wohl bekannt, hat sich gebessert, ohne noch hervorzuragen, seine Repetitionsmechanik ist gut. —

Wenn keine politische Einsprache erfolgt, so möge man mir erlauben, hier beim Zollvereine noch mit vielem Lobe Herrn Schröder aus Hamburg zu nennen, dessen Pianoforte einen recht körnigen gesunden Ton hat und der viele Geschäfte nach Amerika machen soll; freilich brillirt dabei eine englische Firma auf den aus seiner Fabrik hervorgegangenen Instrumenten. Es wäre recht sehr zu wünschen, daß der deutsche Name denselben empfehlenden Eindruck auf die Amerikaner mache, als der englische. Leider hatte die Gewinnsucht amerikanischer Besteller und Clavierhändler der jüngst verflossenen Zeit sich an die billigsten, folglich unbedeutendsten deutschen Firmen gewendet, weshalb die deutsche Gesammtfabrikation daselbst in Verruf gekommen ist. Solche schlechte Instrumente, namentlich im Tafelformate, kamen seekrank im bedauernswerthesten Zustande an. Die Reparatur derselben wog die Anschaffungskosten auf. Darüber klagt auch mit Recht Kützing in seinem Werke: Das Wissenschaftliche der Fortepiano-Baukunst. 1844 bei Dalp, p. 6 in der Vorrede.

Vergleiche ich das Trefflichste der Leistungen des Zollvereines mit dem Trefflichsten der vaterländischen Industrie (natürlich ohne Hinblick auf die Londoner Ausstellung), so haben wir die Concurrenz durchaus nicht zu scheuen — wir haben einen eigenthümlichen, selbstständigen Mechanismus, den ich den größtentheils nicht glücklichen Nachahmungen französisch=englischer Originale vorziehe, haben jedenfalls eine angenehmere und elastischere Spielart, und sind für diese Vorzüge, die auf der Hand liegen, im Grunde nicht unbedeutend billiger. Was ich bei früherer Gelegenheit erwähnt, mag hier wiederholt werden: daß unsere Tafel= und aufrechten Piano's im Preise wohl mit denen aller Länder concurriren können, nicht aber in der Kraft und Schönheit des Tones, worin wir vom Zollverein und natürlich auch von Frankreich und England übertroffen werden. Gewöhnt sich aber unser Publikum, auch 1200 bis 2000 Francs (nach jetzigem Gelde 726 oder 968 fl. C. M.) für ein Quer= oder aufrechtes Piano zu zahlen, so werden wir ebenfalls viele besser liefern als jetzt um 175 bis 230 fl. C. M.

Dänemark.

Rühms aus Altona stellt ein vortreffliches Pianino aus, mit einem eisernen Verspreizungsrahmen und einem Resonanz=boden auf jeder Seite.

Hornung aus Copenhagen zeichnet sich ebenfalls durch ein sehr gutes mit trefflicher Spielart versehenes Instrument aus, bei welchem aus gegossenem Eisen Stimmstock, Anhäng=platte, Barren und Seitentheile in einem ununterbrochenen Stücke vereinigt sind [1]). Die Form dieser Vorrichtung ist gefällig, ara=beskenartig. Die Mechanik ist eine englische. Das tafelförmige Instrument hat eine aufwärts (nicht seitwärts) gehende Mecha=nik, was bei dieser Gattung von Instrumenten eine Neuheit ist.

Schweiz.

Hüni & Hubert liefern das beste Instrument dieses Landes, welches allen Anforderungen des Virtuosen entspricht. Der Ton ist rund, gleich und kräftig, die Spielart vorzüglich. Die Arbeit ist eine vorzügliche und der Preis im Verhältnisse

---

[1]) Hoxa in Wien hat Aehnliches auf der Ausstellung 1839 zur Ansicht gebracht.

billig zu nennen. Sie sind Nachfolger von Jakob Eck aus Cöln, welcher auf der Berliner Industrieausstellung 1844 die goldene Medaille erhielt. Das Instrument ist dreisaitig, hat sieben Octaven, ist mit Repetitionsmechanik versehen, und allen möglichen eisernen Vorkehrungen der Befestigung.

Sprecher & Bar sollen illegitim das Frühere copirt haben — so beklagte sich wenigstens der Agent des ersten Hauses, was wird erst Erard sagen, den Beide nachahmen, und sogar noch zuletzt sein wissenschaftlicher Gegner

Kützing, in dessen Instrument ich das Ideal der Vollkommenheit zu finden hoffte, doch bewährte sich hier:

Grau, theurer Freund, ist alle Theorie,
Und grün des Lebens goldner Baum.

Vereinigte Staaten von Nordamerika.

Manches über ihre Verbindung mit Physharmonika, äußere Form ꝛc. haben wir schon an früheren Orten über die Fabrikation dieses Landes erwähnt. Die beste Verbindung mit dem Harmonium stellt Nunns & Clark dar; wenn links ein Riegel vorgeschoben wird, so ist das ganze Instrument nur als Physharmonika da, indem die Saitenwirkung aufhört.

Das zweite Tafelpiano von demselben hat noch einen besseren Ton, weil es nur allein Clavierinstrument ist — dabei hat es noch das Eigenthümliche, daß der Deckel vor den Tasten sich hinter das Pult schiebt. Die Baßsaiten sind durch ihre Lage, die die andern schräg in gerader Lage kreuzt, länger geworden, klingen daher stärker. Statt der Verschiebung ist hier blos ein Pianozug angebracht, ebenso bei Meyer, wie bei Stodart in der englischen Abtheilung. Nimmt man das dazu gehörige Pedale, so senkt sich die ganze Claviatur; es scheint daher durch Schwächung des Tastenfalls auch zugleich der Ton sanfter zu werden.

Meyer Conr. nennt sich als Erfinder des berühmten eisernen Rahmens (inventor et manufacturor of the celebrated iron plate frame). Der Deckel seines Tafelpiano's kann durch eine Schraubenvorrichtung, die rückwärts angebracht ist, in die Höhe gestellt werden, so daß derselbe vorne durch Leistchen gestützt, eine horizontale Platte bildet und die Zuhörer, die hinter dem Deckel sitzen, den Clavierton stärker hören. Er nennt die Piano's mit dieser Vorrichtung: reversed top Pianofortes. Er bringt auch zwei Bars an — soll einen sehr bedeutenden Absatz in Amerika haben und in dieser Beziehung nur nachstehen dem

Chickering in Boston, der, was Geschäftsbetrieb anlangt, der amerikanische Broadwood sein soll, hat wie Hornung aus Copenhagen den ganzen harfenartigen Rahmen aus einem Stück gegossenen Eisens machen lassen. (Saitenhalter, Stimmstock, Spreitzen, Anhängleiste ꝛc.) Was Wohlfeilheit, Einheit und Dauer dieser Construction betrifft, verdient jedenfalls Aufmerksamkeit. Nur eines seiner Instrumente ist mit Repetitionsmechanik versehen, dagegen bei ihm wie bei allen Amerikanern die Baßsaite statt mit Kupfer- mit Eisendraht überzogen. Der Pianozug, der eine Tuchleiste zwischen Hammer und Saite bringt, ist bei vielen amerikanischen Clavieren noch in Anwendung. Bei uns wurde er früher Lautenzug genannt, wird aber nicht mehr an Clavieren angebracht.

Gilbert verbindet Saiten mit Windton (Harmonium), doch steht er an Güte den Anderen nach.

Einiges Aufsehen machte Pirsson's Doppelpiano, welches eigentlich aus zwei großen Pianoforte's besteht, die in einem rechtwinkligen Kasten eingeschlossen sind. Die Claviaturen befinden sich auf entgegengesetzter Seite, so daß die Spieler sich einander ins Gesicht sehen. Eine einzige eiserne Saitenanhängplatte dient beiden Instrumenten zugleich, die kurzen Saiten des einen Piano's bilden mit den langen des anderen eine Linie. Die Stimmstöcke sind ebenfalls von Eisen. 6 Cylinder sind als Spreitzen verwendet, vielleicht von derselben Construktion wie bei Stodart. Der Ton ist im Ganzen unbedeutend, indem nach meiner Ansicht ein Piano die Vibration des anderen hemmt. Eine Violine, die man mit drei Saiten versieht, klingt besser, als mit vieren. In diesem Zwillingsinstrumente, dessen Neuheit aus früheren Angaben aufgehoben ist [1]), bewährt sich diese akustische Regel, daß der Klang nur höchst unvollkommen sein kann, wo keine Zwischenräume vorhanden sind, um die Schwingungen frei vor sich gehen lassen zu können.

---

[1]) Vide p. 94 Jones.

Zuletzt sei noch eines nicht uninteressanten Versuches gedacht, durch welchen James S. Wood das Clavier mit der Violine zu verbinden trachtet. Der Anschlag der Taste erzeugt den Mitklang des entsprechenden Violintones — durch eine Vorrichtung kann man jedes Instrument einzeln erklingen machen, natürlich nur durch die Claviertaste. Die Violinvorrichtung läßt sich an jedes Pianoforte anbringen, ohne dasselbe erst besonders zu bearbeiten.

Die Ankündigungen, Reclamen, Auseinandersetzungen, die gedruckt über jedes Instrument zu haben waren, sind im amerikanischen Style verfaßt. — Dieser großartige Puffwortschwall ließ weit geringeres Verdienst erwarten, als ich wirklich fand, und wenn ich meinen Landsleuten die tafelförmigen Instrumente nachzuahmen rathe, so geschähe es nur mit Ausschluß der Annoncen, die für unseren Gaumen ein Bischen zu stark gepfeffert sind. Im Aeußern sind diese Instrumente geschmackvoll und solid aussehend, viele mit fettem Copalfirniß lackirt, welcher voll Feuer, Glanz und Dauerhaftigkeit den Anblick des Holzes verschönt, auch der Stimmung deshalb günstiger ist, wie unsere Schellackpolitur, indem er vom Wechsel der Temperatur weniger leidet.

Belgien.

Die Nachbarschaft Frankreichs und Englands eifert wohl die zahlreichen Clavierverfertiger Belgiens zum Wettkampfe an, wird aber eben dieser Nähe wegen von dem reicheren Publikum nicht unterstützt, welches sich vorzugsweise französische Instrumente anschafft. Erard hält in Brüssel ein wohlassortirtes Lager. Doch geht des billigen Preises wegen eine nicht unbedeutende Zahl von Clavieren nach England.

Aus Brüssel haben 5 Firmen in London ausgestellt. Vogelsang war der Einzige, der aus ganz Belgien ein großes Pianoforte lieferte, welches im Diskant recht hübsch klingt. Es hat 6 Spreitzen, der Anschlag ist aber ziemlich schwer. Ein aufrechtes Piano ist mit einer patentirten Vorrichtung versehen, von ihm à marteau regulateur benannt.

Jastrzebski verspricht Gutes zu liefern. — Aerts aus Antwerpen mit Saiten in schiefer Richtung nach eigenem System, so wie Verhasselt's Pianoharmonium, wovon man das Piano und die Harmonika zusammen oder einzeln spielen kann (mit zwei Claviaturen), zeichnen sich ebenfalls aus.

Im Ganzen ist auf das Aeußere dieser Instrumente viel Pracht verwendet, bei einigen sogar mit Ueberladung. Belgien, wo das Studium der Violine so ausgezeichnet betrieben wird, daß seit 15 Jahren beiläufig die größten Virtuosen wie: Vieurtemps, Leonard, de Beriot, Artôt ꝛc. in ganz Europa die verdienteste Anerkennung errangen, so wie Servais im Violoncell — hat im Verhältnisse nur sehr wenig Pianisten gebildet, welches vielleicht bei der bekannten Wechselwirkung zwischen ihnen und deren Tonwerkzeugen auf die Fabrikation der Letzteren von Einfluß gewesen sein mag.

Holland hat ein unbedeutendes Instrument ausgestellt.

Rußland zwei von Lichtenthal, früher in Brüssel ansässig, wovon das Eine die Eigenthümlichkeit hat, daß die Baßsaiten in einer höheren Lage als die anderen gespannt sind, und zwar in schiefer Richtung die anderen kreuzend, welcher Umstand die sonst gerade linke Seite des Corpus zu krümmen erlaubt. Die Folge muß die Zweckmäßigkeit dieses Verfahrens erst bewähren. Rußland führt übrigens viel Claviere ein und zwar in neuester Zeit meist von Wien. Die große Liebe zur Musik in diesem Lande verbraucht eben viel Material.

C. Fragen und deren Beantwortung, als praktisches Ergebniß dieser Abhandlung.

Vieles, welches in Beziehung auf die Vergleichung der Fabrikationen mehrerer Länder mit der unsrigen hier hätte angeführt werden sollen, kömmt schon bei einzelnen Gelegenheiten ausführlich vor. Die Zusammenfassung meiner Studien, Ansichten und Erfahrungen glaubte ich am Besten durch die Form anschaulich zu machen, daß ich nach sorgfältigem Ueberdenken Fragen mir formulirt habe, die beiläufig von Jedem, dem unsere Industrie am Herzen liegt, namentlich in Hinblick auf meine Mission in England, an mich gestellt werden würden, und deren gedrängte Beantwortung zugleich angefügt ist.

Ich nehme mir die Freiheit, die Bemerkung hier folgen zu lassen, daß ich sehr entfernt bin, diesen Gegenstand, so ausführlich ich ihn auch behandelt, für erschöpft zu halten. Wenn ich ferner jeden Vorwurf der Partheilichkeit mit aller Kraft, der nur das gewissenhafte, redliche Bewußtsein fähig ist, abweisen muß, so schwebt mir nur zu deutlich das Bewußtsein vor, daß Irren menschlich sei und bei dem besten Willen Manches übersehen worden sein kann, was zum Theil in der Menge der ausgestellten Gegenstände, so wie in dem für Beurtheilung musikalischer Instrumente ungünstigen Lokale hoffentlich genügende Entschuldigung finden wird.

Fragen.

1. Verdient die Wiener Mechanik so hintangesetzt zu werden, als es in Erard's und Kützing's Brochüren und in einzelnen Berichten der Fall ist?

Keineswegs. Sie ist in stetem Fortschritte begriffen, daher dessen fähig, wie sie es seit den letzten zehn Jahren sattsam bewiesen, leistet genügend dasjenige, was die höchsten Anforderungen der Virtuosen nur beanspruchen, und hat durch den Umstand, daß die Spielart der englischen und französischen Claviere eine leichtere geworden, mit Recht hierin eine Concession zu ersehen geglaubt, die der eigenen angenehmeren Spielart gemacht wurde.

2. **Würden die Wiener Instrumente bei günstigeren Zollverhältnissen in England oder Frankreich gesucht werden?**

Allerdings. In jenen Ländern ist die Virtuosität nicht so zahlreich verbreitet wie bei uns. Ihr allein steht es zu, bei der Wahl diejenigen Instrumente zu berücksichtigen, die die subjectiven Intentionen am besten wieder zu geben, so wie der einmal angewohnten Vorliebe zu entsprechen im Stande sind. — Hier in Wien, in welcher Stadt verhältnißmäßig die meisten Clavier-Concerte gegeben wurden, sind nur meines Wissens 4mal (Thalberg, Litzt, Leopold v. Meyer, Filtsch, einmal in Baden von meiner Schülerin Rosa Kastner) Erard's Piano's zur Oeffentlichkeit gelangt, haben aber im Erfolge den der unsrigen Instrumente nicht erreicht.

Das Gros der Käufer ist aber hauptsächlich im Publikum zu suchen, welches eben nicht aus Virtuosen besteht, namentlich in England und Frankreich. Dieses Publikum wird sich bei seinen bescheidenen Ansprüchen mehr an Instrumente halten, die nur (im jetzigen Momente) den dritten Theil der Summe kosten, welche in jenen Ländern für gute Instrumente bezahlt wird, daher die Einfuhr dahin nur sehr zu unseren Gunsten ausfallen kann.[1] Hiemit ist zugleich die Frage der Preisverschiedenheit so ziemlich erörtert.

3. **Wäre es möglich, unsern Clavierton den der englischen und französischen Instrumente gleich zu stellen?**

Ohne Zweifel. Doch müßte sich unser Publikum gewöhnen, höhere Preise als bis jetzt zu zahlen, wenn sie auch nicht diejenigen wären, die in diesen Ländern verlangt werden. Denn eine

---

[1] In keinem Lande ist die Anschaffung des Piano's als nothwendiges Einrichtungsstück selbst ohne momentanem Bedürfnisse so allgemein, als in England. Ich erfuhr bei dem Spielen unserer Wiener Claviere und der Mittheilung der Preise, die ich den mich umgebenden Zuhörern machte, genügende Details hierüber.

andere Fabriksanlage, so wie die complicirten Arbeiten vertheuern den Bau solcher Instrumente. Die Bestellungen hierauf müßten nicht isolirt, sondern wenigstens 40 bis 50 im Jahre sein, um eben die vergrößerten Kosten zu decken.

4. **Würde zwischen diesen beinahe gleichgestellten Instrumenten von Wien, Paris und London eine Preisverschiedenheit und zwar welche sein?**

Diese Frage ist nicht sogleich zu beantworten. Viele Bestandtheile werden von unseren Fabrikanten aus England oder wenigstens aus weiter Ferne bezogen, als: fremde Hölzer, Elfenbein, Saiten ꝛc., deren Anschaffung uns theuerer zu stehen kömmt, als den Engländern und Franzosen, wobei die Valutaverhältnisse das Material noch theuerer machen. Wien, welches in neuester Zeit die besten Saiten der Welt zu liefern im Stande ist, erzeugt leider davon zu wenig, um bei dem großen Verbrauche die englische Fabrikation auszuschließen. Hierin muß jeder Patriot eine baldige günstige Wendung nicht allein wünschen, sondern auch dafür Alles in Bewegung setzen. Die besten Instrumente der Ausstellung, die nämlich von Broadwood, sind mit Wienersaiten bezogen. Nach diesem Vorhergesagten läßt sich mit großer Wahrscheinlichkeit schließen, daß unsere Instrumentenmacher um ein gutes Drittel billigere, aber auch rivalisirende Claviere zu bauen im Stande seien.

5. **Können wir in allen Formen der Claviere mit dem Auslande concurriren?**

In Hinsicht des Preises wohl ziemlich mit Allen. Doch hat unsere Fabrikation es noch nicht nöthig gehabt, die kleineren mit solcher Vollkommenheit zu bearbeiten, wie es in England und Frankreich und zum Theile in den Zollvereinsstaaten der Fall ist. Ja, es würden im Falle einer plötzlichen allgemeinen Zolleinigung tafelförmige und aufrechte Piano's recht oft eingeführt werden.

6. **Würden unsere Instrumente nach heißen Zonen exportirt werden können?**

Allerdings; nur dürften die vergrößerten Baukosten den Preis, wenn auch nicht bedeutend, erhöhen.

7. **Sollte die Jury bei unseren Ausstellungen**

so wie die Instrumentenbeurtheilung daselbst den englischen Vorgang benützen?

Allerdings, aber in negativer Weise; das Wie wird Herr Streicher ausführlicher beleuchten in seinem Berichte.

8. **Wie würden sich unsere Instrumente, falls in Wien eine der Londoner ähnliche Weltausstellung zu Stande käme, zu den fremden verhalten?**

Gewiß sehr vortheilhaft. Denn in Wien wären wir zu Hause und vollständig repräsentirt, und würden vor Ermüdung und Vernachlässigung in manigfacher Hinsicht gesichert sein und dennoch mit größerer Unpartheilichkeit die fremden Exponenten zufrieden stellen als es in London der Fall war. Wenigstens haben wir nicht solche Proteste gegen unsere Beurtheilungen gelesen, als sie jetzt in englischen und französischen Blättern zu finden sind. Die gewichtigsten befinden sich in der Times vom 21. Octob. und 15. Novemb. v. J.; diese stimmen mit meinem Urtheile vollkommen überein und reklamiren, Ersterer für Broadwood, der Andere für Collard die große oder Council=Medaille. Der Eindruck dieser mit schlagenden Worten die Inconsequenz anklagenden Proteste war um so bedeutender, als selbe von den hervorragendsten Mitgliedern der Jury ausgingen.

9. **War die Jury unpartheiisch?**

So viel, als der schwache Mensch es sein kann — ja! Ihre Zusammensetzung war aber mangelhaft, daher solche Proteste, daher die verbreitete Ueberzeugung, daß viele hochwichtige Gegenstände (ob absichtlich oder zufällig, kann nicht entschieden werden), unerwähnt geblieben sind, woran wohl nicht immer die Jury und ihre Zusammenstellung, sondern auch Jene Schuld tragen, deren Pflicht es gewesen wäre, die Verdienste der Industrie, die sie zu vertreten haben, ins hellste Licht zu setzen und bei der gewaltigen Concurrenz durch alle erlaubten Mittel zur vollkommensten Geltung zu bringen. Von dieser Seite erwartete die Jury mit Recht die freudigste und kenntnißreichste Erleichterung ihrer immensen Arbeiten. Sie hat sich, wie es allgemein gerügt wurde, in diesem Punkte getäuscht gesehen, daher manche unserer Industriezweige und ausgezeichneten Artikel in der Preisvertheilung zum gerech=

ten Befremden übergangen sind, weil — die Jury gar nicht von deren Bedeutung in Kenntniß gesetzt wurde.

10. **Hätte irgend ein kleinerer Preis unseren Clavieren zufallen sollen?**

Allerdings. Pottje und Schneider[1]) hätten die ehrenvolle Erwähnung verdient, eben so Seuffert. Ich hätte an Pottje die 2. Medaille ertheilt. Ich kann dieses mit um so größerem Rechte anführen, als ich zum Schlusse die englische Beurtheilung folgen lasse und daher die daselbst genannten durch Preise ausgezeichneten Instrumente mit obgenannten vergleichen kann.

Preisbeurtheilung der englischen Commission.

Erste oder Council-Medaille.

Erard, wegen seiner eigenthümlichen Mechanik bei Pianoforte's und Harfen. (Nro. 496 für England, 497 für Frankreich.)

Zweite oder Preis-Medaille.

Addison (Royal Albert Transposing)	487	Großbritt.
Breitkopf und Härtel, großes Pianoforte	25	Sachsen
Broadwood, John an Sons, wegen erfolgreichen Verbesserungen	518	Großbritt.
Chickering, wegen Tafelpiano und dem guten großen Pianoforte	458	Nord-Amerika
Collard & Collard, für Pianoforte's und deren erfolgreichen Verbesserungen	168	Großbritt.
Debain, wegen einem mechanischen Pianoforte (mechanical)	1172	Frankreich
Franche, wegen einer neuen Auslösungsmechanik am Pianoforte	1231	detto
Gebauhr C. J. sen., für ein Pianoforte	848	Preußen
Hopkinson, für ein horizontales Pianoforte mit neuer Mechanik	500	Großbritt.
Hund F. & Son, für Cottage-Pianoforte in Leierform	486	detto
Jastrzebski F., für eine aufrechtes Pianoforte	176	Belgien
Jaulin J., für ein Panorgue und dessen Verbesserungen	1274	Frankreich
Jenkins W. und Söhne, für ein dehnbares Pianoforte für Schiffe	484	Großbritt.
Kirkman und Sohn, für einen Stutzflügel und ein schiefes Piccolo	487	detto

---

[1]) Schneider und Seuffert haben ihre Claviere in London verkauft.

Lambert und Comp., für ein Cottage=Pianoforte	100	Großbritt.
Meyer C., für 2 Pianoforte's	59	Nord=America
Montal C., für 4 Cottage=Pianoforte's	1665	Frankreich
Nunns R. und Clark, für ein 7 octaviges tafelförmiges Pianoforte	374	Nord=America
Pape J. H., für gewisse Verbesserungen im Pianoforte	943	Frankreich
Roller & Blanchet Sohn, für drei Pianoforte's	1687	detto
Schiedmayr und Sohn, für ein tafelförmiges Pianoforte in Mahagony	23	Würtemberg
Southwell W., für ein 1 großes Pianoforte	469	Großbritt.
Stodart W. und Sohn, für 1 tafelförmiges Pianoforte	470	detto
Wornum R., für ein verbessertes Piccolo=Pianoforte	499	detto

Geldbelohnung von 50 Pfund Sterling.

Greiner G. F., für seine neue Besaitungsmethode und andere Verbesserungen	468	Großbritt.
Wood J. S., für die Ausgaben zu seinem Instrumente		Nord=America

Von diesen 24 Preismedaillen fallen 10 auf England.
          6 „ Frankreich.
          3 „ Nord=America.
          3 „ den Zollverein.
          1 „ Belgien.

Von den Geldbelohnungen 1 auf England.
          1 „ Nord=America.

Die Hauptmedaille ist schwer zu classificiren, denn Erard ist sowohl in England wie in Frankreich etablirt und repräsentirte beide Länder auf der Ausstellung, zudem gehört seine Council=Medaille, zur Hälfte wenigstens, den Verdiensten, die er sich für die Verbesserungen an der Harfe erworben.

Ehrenvolle Erwähnung.

Aucher & Sohn, für 2 aufrechte Pianoforte's	404	Frankreich
Berden F. & Comp., für 2 aufrechte oder Cabinet=Pianoforte's	174	Belgien
Detyr N. & Comp., für 2 aufrechte Pfts.	475	Frankreich

Dieudonné & Blädel, für 1 großes Pianoforte mit Repetitionsmechanik	20	Würtemberg
Dörner F., für 1 aufrechtes Pianoforte	21	"
Gilbert & Comp., für 1 Clavier mit Physharmonika	435	Nord-America
Herz H., für 4 Claviere	1268	Frankreich
Hews G., " 1 tafelförmiges Pianoforte	438	Nord-America
Hornung C. C., für 1 tafelförmiges Pfte.	30	Dänemark
Hüni & Hubert, für 1 großes Pianoforte	87	Schweiz
Kleinjasper, für 1 aufrechtes Cottage-Pfte.	1633	Frankreich
Lichtenthal M., für 1 Stutzflügel	172	Rußland
Mercier S., für 2 aufrechte Cottage-Pft's.	633	Frankreich
Pirsson J., für 1 patentirtes tafelförmiges Pianoforte	90	Nord-America
Rühms H., für 1 aufrechtes Pfte.	14	Dänemark
Schröder C. H., für 1 großes Pfte.	13	Hamburg
Soufleto, für 3 Cottage-Pftes.	1699	Frankreich
Towns and Packer, für 1 Stutzflügel mit Transpositionsmechanik	494	Großbritt.
Vogelsang J. F., für 1 großes Pfte.	181	Belgien
Westermann & Comp., für 1 großes Pfte.	80	Preußen.

Es kommen daher auf England   1
                         Frankreich   6
                         America   3
                         Deutschland sammt d. Schweiz   5
                         Dänemark   2
                         Belgien   2
                         Rußland   1.

Diese 20 ehrenvollen Erwähnungen bilden mit den früher angeführten 26 Distinctionen die Zahl 46, welche der Gesammtsumme von 106 Ausstellern in 191 Clavierinstrumenten zu Theil wurden, somit etwas weniger als die Hälfte (53) betragen.

Das Verhältniß auf den Wiener Ausstellungen hingegen ist Folgendes:

Bei der Ausstellung im Jahre
1835 erhielten 10 Exponenten 6 Auszeich. (mehr als die Hälfte)
1839   "   28   "   20   "   ($5/7$)
1849   "   57   "   28   "   (die Hälfte.)

Zum Schlusse möge meiner Feder der innigste, wärmste und tiefgefühlteste Dank entströmen für die väterliche Fürsorge unseres erhabenen Monarchen, welcher durch die eben so zweckmäßigen als keine Opfer scheuenden Verfügungen, der österreichischen Industrie es möglich machte, auf dem Kampfplatze, wohin alle Nationen ihre tüchtigsten Leistungen darbrachten, einen hohen Ehrenplatz einzunehmen. Sind auch einige hervorragende industrielle Zweige nicht vollständig repräsentirt gewesen, wie namentlich die Clavierfabrikation, so hat die Reichhaltigkeit und vorzügliche Güte der Uebrigen hinreichend auf die Vortrefflichkeit dieser nicht genügend vertretenen Industrie bei Vorurtheilsfreien schließen lassen, welche in der Zukunft bei eigenen Ausstellungen, bei denen manche in dieser Schrift gerügten Unzukömmlichkeiten wegfallen, keine ausländische Concurrenz zu scheuen haben wird.

Allgemeines Register.

	Seite
Adam	84, 121
Adlung	14, 18
Addison R.	81, .92, 93, 109, 111, 131
Aerts F. G.	83
Aggio G. H.	82, 91
Agricola	35, 60
Akerman W. H.	81
Alexandre et Fils	95
Allison	9, 74, 91, 93
Allison Ralph	81
America, dessen Juror	88
Anders	28
Anemo-Corde	109
Arbeiterzahl in Broadwood's Fabrik	46, 52
„ in London's Clavierfabriken	54
Architectur des Clavieres	74
Aucher et Fils	83, 109, 132
Aufrechte Piano's Cottages	39, 53, 54, 85, 94, 95, 106, 111, 125
Ausgleichung des Clavieres	65, 75, 117
Bach Seb.	3, 106
Bach Phil. Eman.	3, 8, 106
Bachmann W.	30, 38
Backers Americus	15, 98
Badia Carlo	23
Baillot	104
Baudouin	20
Becker C. F.	6, 21, 61
Beethoven	3, 4, 9, 20, 24, 25
Belederung	10, 41, 42 (Note)
Berden F. & Comp.	83, 132
Beregsászy	31
Berlioz	88

	Seite
Berichte über die 3 österr. Ausstellungen	61
Bertsche	26
Bessalié	36, 84, 120, 121
Bett, musikalisches	85
Beurtheilung der Claviere	79, 89, 90, 102
„ des Clavierbaues	120
Billigerwerdung guter Claviere	72, 110, 117
Bird W.	11
Bishop Sir Henri	88
Black Dr.	88
Blaha Vinc. v.	17
Blanchet Armand	50
„ Fran. Etienne	50
Bleyer	26, 49
Blondel	111
Braun	36
Brendel Fr.	61, 118
Breitkopf & Härtel	36, 65, 67, 84, 120, 121, 131
Brindsmead J.	81
Boisselot	36
Bord	72, 110
Bösendorfer	26, 30, 36, 91
J. Broadwood and Sons	10, 15, 32, 36, 39, 40, 41, 42, 44, 45, 46, 47, 48, 50, 52, 72, 77, 79, 81, 90, 98, 99, 100, 120, 129, 130, 131
„ John	44, 48
Brodmann	26, 28
Brossard	61
Brühl Graf	17
Burney	13, 20, 22, 60

	Seite		Seite
Busby	11, 60	Cuijpers J. F.	84, 126
Cadby C.	81, 95	Cymbal	9
Caldara	20, 23	Dauerhaftigkeit	65, 90
Careyre	20	Deacoq	67, 81
Carl V.	21	Debain A. C.	83, 112, 131
Carl VI.	24	Deffaux	83
Cäcilia	61	Détir & Comp. (Piano dell' Association égalitaire)	111, 132
Castilblaze	81, 61		
Claviatur Umfang,	6, 8, 38, 40, 103		
„ Form	27, 40, 93, 94, 124	Dietz	36
Clavecin à peau de buffle vide Taskin		Dimoline A.	82, 91
		Deutschmann	95
„ à marteaux	103	Deutsche Mechanik	32, 33, 35, 36
Clavichord	6, 9, 12, 26, 34	Dieudonné & Blädel	84, 133
Chladni	33	Dirr	121
Clavier	4	Donal	26
„ als Meuble	64, 128 (Noten)	Docken	9
„ bundfreies	8	Dörner	36, 84, 120, 121, 133
„ erste Notiz davon	22	Domeny L. J.	83, 110
Clavierbau in Oesterreich	20	Doni	61
„ in England	42, 52	Double échappement 31, 41, 70, 71, 79, 93, 97 (Rolfe), 99 (Collard), 101 (Broadwood), 104 (Erard), 110 (Franche), 111 (Montal).	
„ in Frankreich	55		
Claviere mit Harmonium verbunden	93, 126		
Clavierton in seiner Eigenthümlichkeit 68, 74, 76, 79, 99, 101, 112, 128 (Nro. 3)			
		Ducci	69
		Dussek	3, 39, 104
Clementi	3, 15, 99	Eck	36, 65, 91, 123
Clementi et Collard	15	Ehlers	27, 74
Cerone	61	Ehrenreich	31
Chickering	37, 124, 131	Einsaiter vide Monochord	
Concertfähigkeit des Clavieres 4, 68, 69, 79, 90		Encyclopädia britt.	62
		Englische Mechanik	32, 33, 118
Collard 32, 36, 37, 49, 53, 72, 90, 91, 99, 120, 130, 131		Ennever & Stedman	81, 91
		Engramel	19
Collin	83, 110	Epinette siehe Spinett.	
Conti F.	20, 23	Erard Pierre 36, 37, 39, 53, 62, 65, 67, 77, 79, 81, 82, 90, 91, 100, 101, 102, 105, 120, 125, 127, 128, 131	
Cottage	19		
Cramer	3		
Creed	18		
Crescendo	17	„ Seb. 16, 32, 41, 49, 91, 102, 103, 104	
Christoph	26		
Cristofali Bart.	13	Ersch und Gruber	61
Cropet	84	Euler	18, 19

	Seite		Seite
Exportationsfähigkeit	65, 90, 121,	Guth	26
(Schröder)	129	Hackebrett, siehe Cymbal.	
Faber Dan.	8	Händel	3
Ferdinand I.	22	Haidinger	27
Ferdinand III.	22	Haydn	20
Fétis	13, 16, 39, 61, 73, 74, 96, 120	Hallé	79
Flügel	4, 9	Harfe	104
Filtsch	101, 128	Harmonicon	16
Forkel	7, 60	Harpsichord	11, 16, 49, 52
Fortepiano	11	Harrison	72
„ dessen 1. Production	15	„ J.	81
Fragen, über das industrielle Verhältniß 2c.	127	Harwar J.	81, 92, 93
		Hasse	36
Franche C.	83, 110, 131	Hebenstreit Pantaleon	12
Frankreich, dessen Juror	88	Heitermayer	84, 121
Fried	28	Herberth & Comp.	82
Friederici	10, 16	Herding	84, 109
Froberger	20, 22	Hillebrand	12
Fux Joh. Jos.	23, 24	Hews G.	82, 131
Gaßmann	20	Herz H.	83, 104, 106, 107, 131
Gattey	20	Hofhaimer Paul	21
Gatto	26	Hofmann	26
Gazette et revue musicale	61	Hohlfeld	18, 19
Gärtner	26	Holderneffe C.	81
Gebauhr	36, 84, 120, 121, 131	Hopkinson	10, 71
Georg IV.	104	„ J. & J.	81, 131
Gerber	8, 9	Horack	36
Geschichte des musikal. österreichischen Hofes	21	Horn	9
		Hornung	67, 83, 120, 122, 131
„ der Erfindung der Notirung durch die Claviermechanik	18	Hoxa	28, 29, 30, 34, 36, 82, 115, 122
		Hummel	108
„ der Tastatur	6, 40	Hund & Sohn	81, 91, 96, 131
Gibbons Orlando	11	Hunt R.	81, 85
Gilbert & Comp.	82, 133	Hübsch	94
Girard Chev. de	71	Hüni & Hubert	36, 84, 120, 122, 131
Gluck	20		
Goll	28, 106, 107	Jäckisch	26
Graf Conr.	26, 36, 69, 110	Janssen	28
Greiner J. F.	81, 97, 98, 132	Jastrzébski F.	83, 125, 131
Gries	26	Jaulin J.	83, 111, 131
Guérin	20	Jenkins W. & Son	95, 131
Guido v. Arezzo	5	L'Indépendance belge	56, 62
Gurike B.	84	Illustrated News	62

	Seite		Seite
Industrieausstellungen französ.	32, 66	Leipziger Allgem. Musikztg.	61
„ Wiener	66	„ Neue	61
„ Londoner: Ueberblick	85, 89	Lemme Carl	8
		Lenker	17
Jones J. C. & Comp.	81, 94, 124	Leopold I.	23
Joseph I.	23	Leschen	26, 27
Irmler	36	Leu	48
Isoard	108	Lichtenthal	84, 126, 133
Jury, über	89	Lipp	36, 84, 120, 121
Kalb	26	Liszt	4, 50, 101, 104, 128
Kalkbrenner	50, 72, 106	Literatur, musikalische, woraus geschöpft wurde	60
Kastner Rosa	128		
Katholnig	26	Londoner Ausstellung	64
Keesz v.	61	„ Ueberblick der dort gewesenen Claviere	81, 85
Kerl Kaspar	20		
Keßler	26	„ mit andern verglichen	87
Kiesewetter	5, 61	„ Geldgewinn derselben	89
Kircher Athan.	5, 22, 60		
Kirkman	15, 32, 41, 49, 57, 81, 96, 131	Longman & Broderip	15
		Longman & Butes	112
Kisting	36, 65	Lorenz	38
Klangmesser vide Monochord		Ludwig XVI.	103
Kleblatt	26	Luff & Son	81
Kleinjasper J. F.	83, 109, 133	Luyton Charles	22
Klems	84, 120	Mack	9
Klepfer	107	M'Cullagh	82
Klügel	26	Manichord	6
Knam	38	Maria Theresia	24
Kober	26	Marie Antoinette	103
Köber W.	26	Marius	13, 95
Koch	8, 61	Marpurg	14, 60
Komisches auf der Ausstellung	85	Marschall	26
Krahl & Seidler	36	Mata	31
Krämer	9	Mathews W.	82, 97
Kriegelstein	36, 41, 72	Mattheson	61
Krüger Wilh.	120	Maximilian I.	21
Kühmst	84	Mechanik (siehe deutsche und englische)	7, 38, 41, 128
Kützing	33, 39, 61, 84, 121, 123, 127		
		„ Wiener	127
Lamarre	104	Melodica	16
Lambert & Comp.	81, 91, 132	Mendelssohn	3, 106
Lasso Orlando	6	Mercia	10
Leder (siehe Belederung)	10, 57	Mercier S.	83, 92, 109, 111, 133
Leidesdorf	71	Merlin	19

	Seite
Mersenne	6, 35, 60
Metzler, G.	81
Meumann	106
Meyer v.	101, 128
Meyer Conr.	37, 123, 132
Milchmaier	10
Miller	40
Mizler	14, 60
Moderne Virtuosität	77
Montal	34, 41, 62, 72, 73, 92, 98, 110, 111, 132
Monochord	5, 6
Moore & Comp.	81
Morning Chronicle	62
Moscheles	104
Mott	38, 81
Mozart	3, 16, 20
Muffat	20
„ Georg	23
Müller Dr. Wil. Christ.	7, 60
„	26
„ (Eger)	26
„ Matth.	27, 28
Nachahmungen des Clavierbaues	67, 120, 123, 125
Namen der englischen Beurtheilungsjury	88 (Note)
Neukomm Chev. de	
Notirungsmaschine, Geschichte derselben	18
Newton's London Journal	62, 132
Nunns & Clark	123
Oetzman & Plumb	81
Oesterlein	10
Oesterreich's musikal. Regenten	21
„ in London ausgestellte Piano's	115
„ Clavierbau	20
„ Juror in London	88
Overberg van	83, 109
Panorgue-piano	111
Pantalon	12
Pape	12, 20, 32, 34, 36, 41, 50, 65, 86, 92, 96, 98, 107, 108, 109, 132

	Seite
Parish-Alvars, Mad.	120
Pauer	79
Payer Hieron.	71
Peachy	53, 67, 81
The penny magazine	62
Perau	36
Petzold	32, 34, 36
Pfeiffer	20, 36
Philipps J. B.	82
Piano brisé	13
„ organisé	16
„ vis-à-vis	16
Piano éolién	107
Piano's de Pape	100
Pianoforte	4, 37
„ dessen Lob	4
„ for the people	54, 72, 99
Pichelbeck	10
Pirsson James	82, 94, 124, 133
Pleyel	32, 36, 37, 50, 62, 65, 74, 106, 109
Polytoniclavichordium	16
Porsile Giuseppe	23
Potter Cypriani	88
Pottje	82, 115, 131
Prätorius Mich.	22, 35, 40, 60
Preise verschied. Länder u. Firmen	13, (10. Zeile) 32, 47, 53, 54, 55, 56, 91, 105, 108, 110, 122 siehe Billigerwerbung.
Preisunterschiede, über	116, 117, 122, 129
Prinz	5, 60
Promberger	28, 29
Proteste gegen die engl. Preisbeurtheilung	130
Rachals	36
Rahmen	39
„ 77, 123 (Meyer)	
Rameau J. P.	71
Rausch (Leitmeritz)	26
„ (Wien)	36
Resonanzboden	7, 28, 29, 30, 39, 40, 95, (Cadby) 101, (Broadw.) 109

	Seite
Reuß	26
Rheinische Musikztg.	61, 78
Riedler	20
Ries Jos. F.	29, 30
Ritmüller	36
Rode	104
Rohleder	9, 94
Roller & Blanchet	18, 30, 111, 132
"	32, 34, 36, 67
Rolfe	32, 36, 49, 81, 97, 112
Rosenberger	26
Rosenwall	79
Rott	26
Royal crescendo	17
Rudolph II.	22
" Erzherzog	24
" dessen musik. Bibliothek	25
Rüge Sold	
" der Londoner Ausstellung	66
" der Intriguen	113
" der falschen Kritik	90, 114
" der falschen Demuth	119
" in der franz. Abtheilung	86
Rühms	83, 122, 133
Saiten	40, 97, 99, 105, 107, 117, 129
Sax Ad.	27, 74
" Vater	73
Scarlatti Dom.	71
Schanz	26
Schafhäutl Dr.	88
Schambach	36
Scheel C.	84, 121
Schenk J. G.	17
Schiedmayer	36, 84, 120, 121, 132
Schmidt Joh.	17, 26
Schmitt	36
Schneider (Clavierfabrik)	83, 92, 115, 131
" Wilhelm	61, 82
Schnell	109
Schilling	61
Schirmer	17
Scholtus	83

	Seite
Schott B. & Söhne	84
Schönemann	41
Schröder	36, 84, 121, 133
Schröter Christ. Gottl.	12, 13, 14, 98
Schubert	20
Schulhoff	70
Schuster Fr.	27
Schwab Wilh.	29
Schwardling	36
Schwarz	26
Schweighofer	26, 30, 36
Seidel	49
Seuffert Joh. Phil.	49
" Franz Ign.	—
" Joh. Philipp	—
" Franz Martin	26, 49
" Eduard	30, 36, 38, 49, 53, 82, 92, 131
Silbermann Gottf.	8, 13, 14, 16
" seine Manier	32
Sirenion	29
Smart Sir G.	88
Smith & Roberts	82
Sousleto	83, 109, 133
Southwell	41, 72, 81, 91, 101, 132
Spielart des Clavieres 70, s. Mechanik	99
Spinett, Spinetta, Spinetto	11
Sprecher & Bar	84, 123
Springer, s. Docken.	
Sulzer	19
Stanhope	20
Staudinger	26
Staufer	27, 41
Stein Joh. Andr.	16, 17, 41, 49, 95
" André (Sohn)	26
" Carl	27, 28
Sternberg L.	83
Sterndale-Bennet	88
Steward	99
Stiftstock	7
Stodart	12, 15, 32, 36, 39, 49, 81, 91, 98, 100, 123, 124, 132

	Seite
Stöcker	36, 41, 65, 72
Stössel	6, 61, 95
Streicher J. B.	12, 26, 27, 29, 30, 36, 41, 42, 48, 49, 72, 89, 91, 98, 107, 111, 130
„ Nannette	26
Tabelle der Ausgaben der Broadwood'schen Fabrik	47
„ Summe der allbort verfertigten Piano's	52
„ englischer Clavierpreise	53
„ der Londoner Claviere	54
„ des franz. Zolles	55
„ der Hölzer in Broadw. Fabrik	56
„ der Pariser Ausstellung	88
„ der Ledergattungen in Broadwood Fabrik	57
„ der Wollentücher in detto	—
„ der Metallgegenstände in detto	58
„ der Arbeitsgattungen in detto	59
„ verschiedener Ausstellungen	87
Tafelpiano's	37, 85, 106, 123, 125
Tarentin Abbé	18
Thalberg	88, 95, 101, 128
Tremolophone	71
Teutschmann	26
Tischner-Hofert	36
The Times	62, 130
Thon	26, 60
Tonerzeugung	68, 74, 76, 118
Towns & Packer	53, 81, 91, 133
Transpositionsmechanismen	10, 17, 18 (Roller) 22, 92, 109, 115
Tschudi Burkh.	15, 44, 48, 49, 98
Türk	9
Unger Joh. Fried.	18
Verhasselt d'Oultrépont	83, 126
Vensky	9
Virbés Mr. de	103
Virdung Seb.	34, 60
Villaume	69
Vinnicombe	20

	Seite
Virginal	11
Vlasky J.	82
Vogelsang F. J.	83, 125, 133
Wachtl	26, 49
Wagner Joh. Gottl.	17
„ Gebrüder	10
Wagenseil G. Ch.	23
Walther	14
„ Joh. Gottfr.	26, 61, 95
Weber Carl M. v.	3
Webster	40
Weise	26
Westermann	84, 121, 133
Wetzel	20
Wheatstone & Comp.	8
Wiegleb	10
Wilhelmi	9, 17
Wimula	26
Wiener Claviermacher, 1tes Clavier	22, 35
„ Fortschritte	26 u. folgend
„	118
„ Auszeichnungen bei Ausstellungen	88, 133
„ Claviere bei günstigeren Zollverhältnissen	129
„ Claviere verglichen mit denen des Zollvereins	122
„ Mechanik, s. Mechanik.	
„ Musikzeitung	61
Wilkinson	17, 49, 100
Wirbelstock	7
Wirth	36
Wist	26
Wood James S.	82, 125, 132
Woolley F.	82
Wopaterny	38
Wornum	12, 17, 32, 34, 36, 81, 93, 98, 120, 132
Wölfel	36, 74
Wylde Dr.	88
Zarlino	9, 40, 60
Zausich	26
Zeiger	84, 111

	Seite		Seite
Zelter	13, 60	Zollverein, dessen Juror	88
Zeitschrift d. n. ö. Gewerbvereins	61	„ Vergleich mit d. Wiener Fabrikation	122
Zettter	84, 120, 121		
Zink	17	Zumpe	14, 15
Zollverein (dessen Clavierausstellung)	84, 119		

Druckfehler.

Pag. 11 Zeile 11 von oben: nach —)
„ 19 „ 14 „ unten statt: Tonotechie, l. Tonotechnie.
„ — „ 1 „ „ „ Labord, l. Laborde. (Bei dieser Gelegenheit mag die Anecdote, die manche Neugierde erregt, hier nachgetragen werden. Ein eitler Virtuose, der viel auf seine Kunststückchen hielt und sie nicht veröffentlichen wollte, wurde an ein Notirungsclavier, dessen Zweck ihm verborgen war, geführt. Am andern Tage in dieselbe Gesellschaft geladen, hörte er zu seinem Entsetzen und nicht geringem Spaße der Uebrigen, sein Paradestück buchstäblich von einem tüchtigen Spieler, der mittlerweile das Notirte sehr fleißig einstudirt und auswendig gelernt hatte, vortragen.)
Pag. 22 Zeile 11 von unten statt: einstimmiges Miserere, l. vierstimmiges.
„ 35 „ 11 „ „ „ Dengs, l. Denys.
„ — „ 9 „ „ „ Clavecins l. Clauecins.
„ — „ 1 „ „ „ nach Buch zuzufügen: des Traité des instrumens à chordes.
„ 36 „ 3 „ oben „ dances les, l. dancer des.
„ — „ 4 „ „ „ et menuent, l. et se menuent.
„ 48 „ 13 „ „ „ Heroen l. Herrn.
„ 73 „ 12 „ „ „ d. J., l. 1851.
„ 83 in der Abtheilung Frankreich Nro. 5 statt Délis l. Détir.
„ 85 Zeile 9 von unten statt: Leroultre l. Lecoultre.
„ 88 „ 2 „ „ „ Schafheutl l. Schafhäutl.
„ 89 „ 1 „ oben „ konnten l. konnte.
„ 94 „ 6 „ unten (Note) nach aufhebt l. ; 3.
„ 109 „ 16 „ „ „ Herdeng l. Herding.
„ 122 „ 12 „ oben „ 1200 l. 1500.
„ — „ 13 „ „ „ das damalige Agio betrug 21 Procente.

Bei J. B. Wallishausser,

Buchhändler in Wien (am hohen Markt Nro. 541), sind zu haben:

Beethoven's, Ludw. van, **Studien im Generalbasse, Contra**punkte und in der Compositionslehre. Aus dessen handschriftl. Nachlasse gesammelt und herausgegeben von J. Ritter v. Seyfried. 2. revidirte und im Texte vervollständigte Ausgabe von Edg. Mannsfeldt-Pierson. 1. bis 2 Lieferung. gr. 8. Hamburg 1852. geb. 1 Thlr. 10 Ngr. — 2 fl. 24 kr.

Voß, Louise, **Cäcilia.** Betrachtungen über Kunst und Musik. 8. Würzburg. geb. 1851. 1 Thlr. — 1 fl. 48 kr.

Brendel, Frz., **Geschichte der Musik in Italien, Deutsch**land und Frankreich. Von den ersten christl. Zeiten bis auf die Gegenwart. 22 Vorlesungen, gehalten zu Leipzig im Jahre 1850. gr. 8. Leipzig 1852. geb. 2 Thlr. — 3 fl. 36 kr.

Briefe musikalische. Wahrheit über Tonkunst und Tonkünstler. Von einem Wohlbekannten. 2 Thle. 8. geb. Leipzig 1852. 2 Thlr. — 3 fl. 36 kr.

Brunner, C. T., **musikalisches Taschenfremdwörterbuch** für Musiker und Dilettanten. Enth. eine kurze Erklärung der in der Musik vorkommenden und auf dieselbe Bezug habenden Kunstausdrücke. Nebst einem Anhange über Abbreviaturen. 2. umgearb. und verm. Auflage. 32. Leipzig 1852. geb. 10 Ngr. — 36 kr.

Czerny, C., **Umriß der ganzen Musikgeschichte.** Dargestellt in einem Verzeichniß der bedeutenderen Tonkünstler aller Zeiten, nach ihren Lebensjahren und mit Angabe ihrer Werke chronologisch geordnet, nach den Nationen und Epochen abgetheilt, den gleichzeitigen historischen Ereignissen zur Seite gestellt, und mit einem alphabet. Namensregister versehen. 815. Werk. 1. Abthl. bis 1801. q. gr. 4 Mainz 1851. cart. 1 Thlr. 22 ½ Ngr. — 3 fl. 9 kr.

Febus, **System der Tonlehre.** gr. 16. Wien 1850. geb. 12 Ngr. — 36 kr.

Fink, Gottfr. W., **Wesen und Geschichte der Oper.** Ein Handbuch für alle Freunde der Tonkunst. 8. geb. Leipzig 1838. 2 Thlr. 15 Ngr. — 4 fl. 30 kr.

Fink, Dr. G. W., **der musikalische Hauslehrer**, oder theoretisch-praktische Anleitung für Alle, die sich selbst in der Tonkunst, namentlich im Pianofortespiele, im Gesange und in der Harmonielehre ausbilden wollen. 2. Ausgabe. hoch 4. Leipzig 1851. geb. 1 Thlr. 10 Ngr. — 2 fl. 24 kr.

Fortlage, C., **das musikalische System der Griechen** in seiner Urgestalt. Aus den Tonregistern des Alypius zum ersten Male entwickelt. Mit 2 Tab. gr. 4. 1847. geb. 2 Thlr. 15 Ngr. — 4 fl. 30 kr.

Gambale, Eman., **die musikalische Reform.** Ein neues System von Zeichen und Regeln, die Musik zu erlernen. Aus dem Ital. übersetzt von F. A. Häser. gr. Lex. 8. Leipzig 1841. geb. 22 ½ Ngr. — 1 fl. 21 kr.

Kiesewetter, R. G., **Geschichte der europäisch-abendländischen oder unserer heutigen Musik.** Darstellung ihres Ursprungs, ihres Wachsthums und ihrer stufenweisen Entwickelung, von dem ersten Jahrhundert des Christenthums bis auf unsere Zeit. 2. verbesserte Aufl. gr. 4. Leipzig 1846. geb. 2 Thlr. 3 fl. 36 kr.

Knorr, Jul., **methodischer Leitfaden für Clavierlehrer.** 2 Aufl. 8. Leipzig 1850. geb. 10 Ngr. — 36 kr.

Kraut, Elise, **praktischer Leitfaden** für Erzieherinnen bei dem Musik-Unterrichte, bearb. nach den Lehrbüchern von Marx, Breitung und mehrerer anderer berühmter Musiklehrer. Lex. 8. Rostock 1851. geh. 10 Ngr. — 36 kr.

Krätschmer, Fr., **musikalisches Fremdwörterbuch,** oder Erklärung der in der Musik gebräuchlichsten Ausdrücke und Benennungen. Zum Gebrauche für Musiker und Dilettanten. Mit einem Anhange. 32. Leipzig 1852. geh. 10 Ngr. — 36 kr.

Krüger, E., **Beiträge für Leben und Wissenschaft der Tonkunst.** gr. 8. Leipzig 1847. geh. 1 Thlr. 25 Ngr. — 3 fl. 18 kr.

Lobe, J. C., **Katechismus der Musik.** Erläuterung der Begriffe und Grundsätze der allgemeinen Musiklehre. 2. verm. und verb. Auflage. 8. Leipzig 1852. 10 Ngr. — 36 kr.

Lobe, J. C., **Lehrbuch der musikalischen Komposition.** I. Band: Von den ersten Elementen der Harmonielehre an, bis zur vollständigen Komposition des Streichquartetts und aller Arten von Klavierwerken. gr. 8. Leipzig 1850. geh. 3 Thlr. — 5 fl. 24 kr.

Marx, A. B., **Die Lehre von der musikalischen Komposition,** praktisch-theoretisch. 3. Auflage. 4 Thle. gr. 8. Leipzig 1846 — 48 geh. 12 Thlr. — 21 fl. 36 kr.

— — **allgemeine Musiklehre.** Ein Hilfsbuch für Lehrer und Lernende in jedem Zweige musikalischer Unterweisung. Vierte verb. Aufl. gr. 8. Leipzig 1850. geh. 2 Thlr. — 3 fl. 36 kr.

Oulibicheff, A., **Mozart's Opern.** Kritische Erläuterungen. Aus dem Franz. übersetzt von C. Koßmaly. gr. 8. Leipzig 1848. geh. 1 Thlr. 25 Ngr. — 3 fl. 18 kr.

Paupie, Ludwig, **Anfangsgründe der Theorie in der Musik,** kurz und faßlich dargestellt. 8. Wels 1852. 10 kr.

Richter, Ernst Friedrich, **die Elementarkenntnisse zur Harmonielehre** und zur Musik überhaupt. gr. 8. Leipzig 1852. 12 Ngr. — 43 kr.

— — **die Grundzüge der musikalischen Formen** und ihre Analyse, ein Leitfaden beim Studium derselben und zunächst für den praktischen Unterricht im Conservatorium der Musik zu Leipzig. gr. 8. Leipzig 1852. 15 Ngr. — 54 kr.

Schilling, G., **Universal-Lexikon der Tonkunst.** 6 Bde. gr. 8. Stuttgart 1837. herabges. Preis 8 fl. C. M.

Schilling, Hofrath Dr. Gust., **musikalische Didaktik,** oder die Kunst des Unterrichts in der Musik. 1. — 4. Lieferung. gr. 8. geh. Eisleben 1851. 2 Thlr. — 3 fl. 36 kr.

— — **allgemeine Volksmusiklehre** oder didaktische Darstellung alles dessen, was der Musikunterricht in sämmtlichen Schulen, von den Gymnasien und höheren Töchterschulen an, bis herab zur geringsten Dorfschule, so wie in den verschiedenen dilettantischen Vereinen, als Liedertafeln, Liederkränzen, Harmonien ꝛc. ꝛc. zur Erreichung seines eigentlichen Bildungszweckes nothwendig zu lehren hat. gr. 8. Augsburg 1852. 1 Thlr. 15 Ngr. — 2 fl. 42 kr.

Schlimbach, G. C. F., **über die Struktur, Erhaltung, Stimmung und Prüfung der Orgel.** Durchgesehen und vermehrt von C. F. Becker. 3. Auflage. mit 5 Kupfertafeln. gr. 8. Leipzig 1843. geh. 1 Thlr. 10 Ngr. — 2 fl. 24 kr.

Siebert, F., **Kurze Anleitung zum gründlichen Studium des Gesanges.** In alphabet. Ordnung abgefaßt und allen Freunden edlen Gesanges gewidmet. 8. Leipzig 1852. geh. 10 Ngr. — 36 kr.

Music and Books published by Travis & Emery Music Bookshop:

Anon.: Hymnarium Sarisburense, cum Rubris et Notis Musicus
Agricola, Johann Friedrich from Tosi: Anleitung zur Singkunst. (Faksimile 1757)
Bach, C.P.E.: edited W. Emery: Nekrolog or Obituary Notice of J.S. Bach.
Bateson, Naomi Judith: Alcock of Salisbury
Bathe, William: A Briefe Introduction to the Skill of Song
Bax, Arnold: Symphony #5, Arranged for Piano Four Hands by Walter Emery
Burney, Charles: The Present State of Music in France and Italy
Burney, Charles: The Present State of Music in Germany, The Netherlands ...
Burney, Charles: An Account of the Musical Performances ... Handel
Burney, Karl: Nachricht von Georg Friedrich Handel's Lebensumstanden.
Cobbett, W.W.: Cobbett's Cyclopedic Survey of Chamber Music. (2 vols.)
Corrette, Michel: Le Maitre de Clavecin
Crimp, Bryan: Dear Mr. Rosenthal ... Dear Mr. Gaisberg ...
Crimp, Bryan: Solo: The Biography of Solomon
d'Indy, Vincent: Beethoven: Biographie Critique
d'Indy, Vincent: Beethoven: A Critical Biography
d'Indy, Vincent: César Franck (in French)
Frescobaldi, Girolamo: D'Arie Musicali per Cantarsi. Primo Libro & Secondo Libro.
Geminiani, Francesco: The Art of Playing the Violin.
Handel; Purcell; Boyce; Geene et al: Calliope or English Harmony: Volume First.
Hawkins, John: A General History of the Science and Practice of Music (5 vols.)
Herbert-Caesari, Edgar: The Science and Sensations of Vocal Tone
Herbert-Caesari, Edgar: Vocal Truth
Hopkins and Rimboult: The Organ. Its History and Construction.
Hunt, John: Adam to Webern: the recordings of von Karajan
Isaacs, Lewis: Hänsel and Gretel. A Guide to Humperdinck's Opera.
Isaacs, Lewis: Königskinder (Royal Children) A Guide to Humperdinck's Opera.
Lacassagne, M. l'Abbé Joseph : Traité Général des élémens du Chant.
Lascelles (née Catley), Anne: The Life of Miss Anne Catley.
Mainwaring, John: Memoirs of the Life of the Late George Frederic Handel
Malcolm, Alexander: A Treaty of Music: Speculative, Practical and Historical
Marx, Adolph Bernhard: Die Kunst des Gesanges, Theoretisch-Practisch
May, Florence: The Life of Brahms
Mellers, Wilfrid: Angels of the Night: Popular Female Singers of Our Time
Mellers, Wilfrid: Bach and the Dance of God
Mellers, Wilfrid: Beethoven and the Voice of God
Mellers, Wilfrid: Caliban Reborn - Renewal in Twentieth Century Music
Mellers, Wilfrid: François Couperin and the French Classical Tradition

Travis & Emery Music Bookshop
17 Cecil Court, London, WC2N 4EZ, United Kingdom.
Tel. (+44) 20 7240 2129

Music and Books published by Travis & Emery Music Bookshop:
Mellers, Wilfrid: Harmonious Meeting
Mellers, Wilfrid: Le Jardin Retrouvé, The Music of Frederic Mompou
Mellers, Wilfrid: Music and Society, England and the European Tradition
Mellers, Wilfrid: Music in a New Found Land: ... ... American Music
Mellers, Wilfrid: Romanticism and the Twentieth Century (from 1800)
Mellers, Wilfrid: The Masks of Orpheus: ...... the Story of European Music.
Mellers, Wilfrid: The Sonata Principle (from c. 1750)
Mellers, Wilfrid: Vaughan Williams and the Vision of Albion
Panchianio, Cattuffio: Rutzvanscad Il Giovine
Pearce, Charles: Sims Reeves, Fifty Years of Music in England.
Playford, John: An Introduction to the Skill of Musick.
Purcell, Henry et al: Harmonia Sacra ... The First Book, (1726)
Purcell, Henry et al: Harmonia Sacra ... Book II (1726)
Quantz, Johann: Versuch einer Anweisung die Flöte traversiere zu spielen.
Rameau, Jean-Philippe: Code de Musique Pratique, ou Methodes.
Rastall, Richard: The Notation of Western Music.
Rimbault, Edward: The Pianoforte, Its Origins, Progress, and Construction.
Rousseau, Jean Jacques: Dictionnaire de Musique
Rubinstein, Anton : Guide to the proper use of the Pianoforte Pedals.
Sainsbury, John S.: Dictionary of Musicians. Vol. 1. (1825). 2 vols.
Simpson, Christopher: A Compendium of Practical Musick in Five Parts
Spohr, Louis: Autobiography
Spohr, Louis: Grand Violin School
Tans'ur, William: A New Musical Grammar; or The Harmonical Spectator
Terry, Charles Sanford: Four-Part Chorals of J.S. Bach. (German & English)
Terry, Charles Sanford: Joh. Seb. Bach, Cantata Texts, Sacred and Secular.
Terry, Charles Sanford: The Origins of the Family of Bach Musicians.
Tosi, Pierfrancesco: Opinioni de' Cantori Antichi, e Moderni
Van der Straeten, Edmund: History of the Violoncello, The Viol da Gamba ...
Van der Straeten, Edmund: History of the Violin, Its Ancestors... (2 vols.)
Walther, J. G.: Musicalisches Lexikon ober Musicalische Bibliothec (1732)

Travis & Emery Music Bookshop
17 Cecil Court, London, WC2N 4EZ, United Kingdom.
Tel. (+44) 20 7240 2129

© Travis & Emery 2009

www.ingramcontent.com/pod-product-compliance
Lightning Source LLC
Chambersburg PA
CBHW061949070426
42450CB00007BA/1102